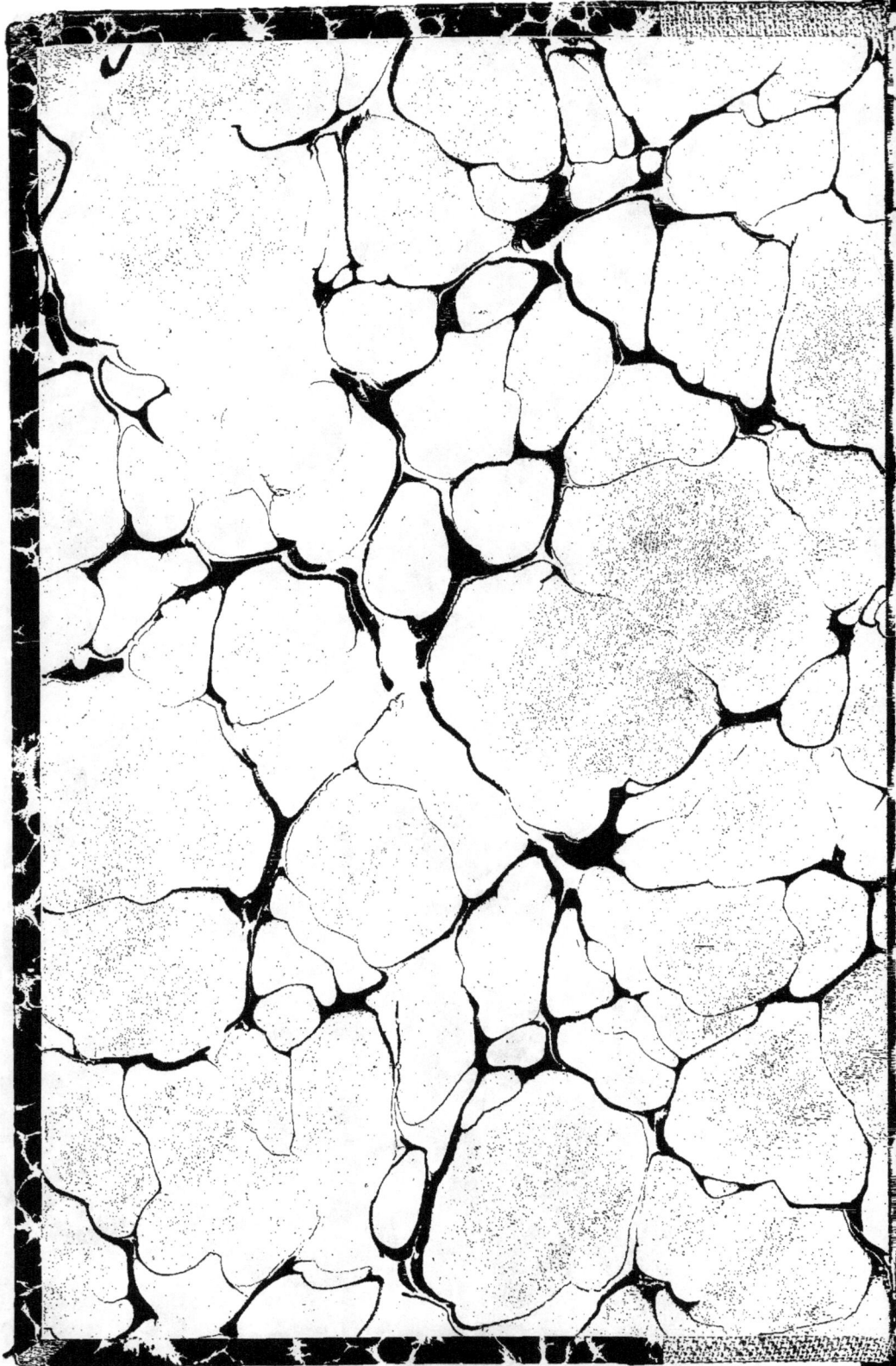

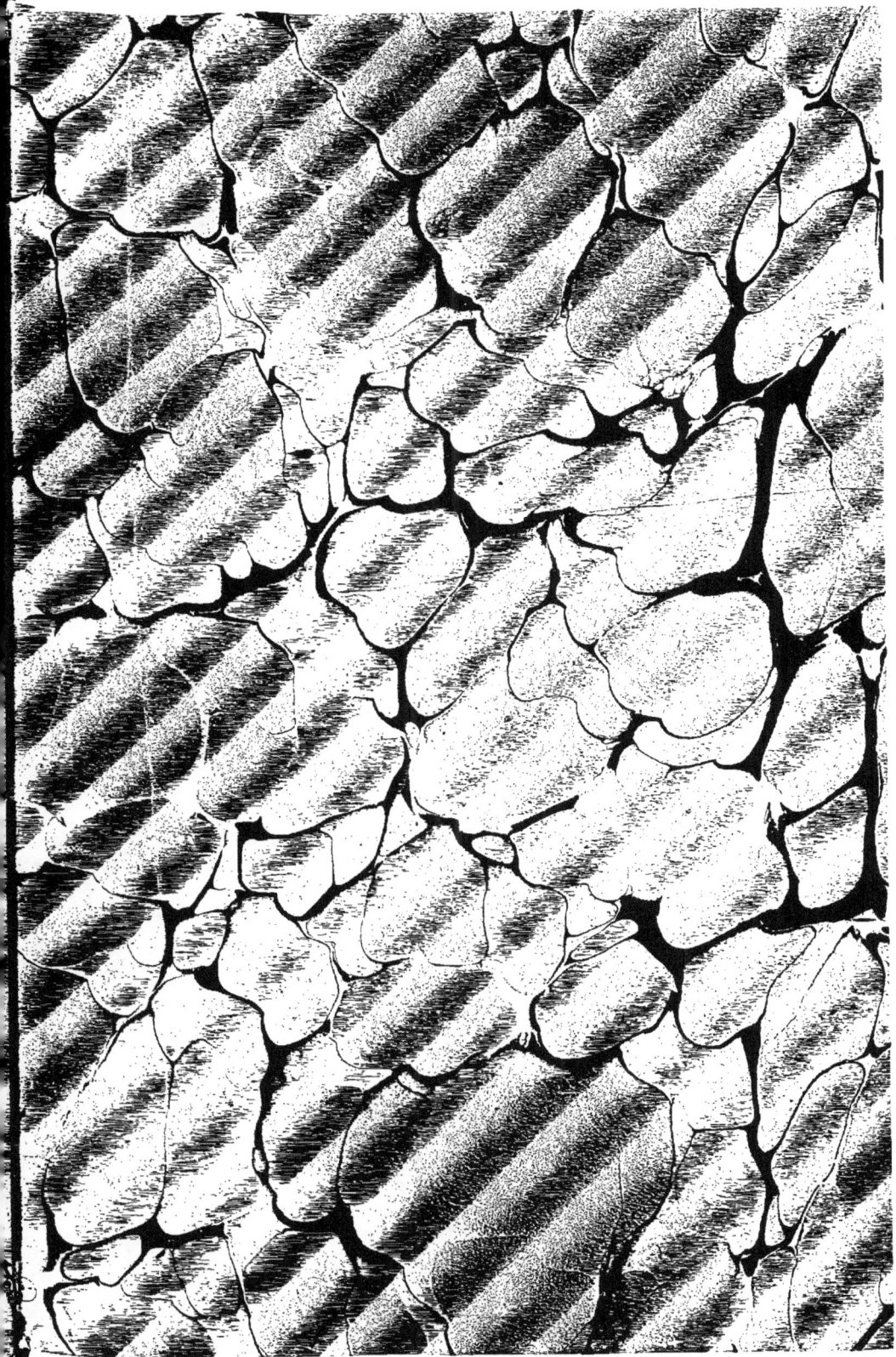

TAN HAVERR 1955

RÈGLEMENTS

ET

SENTENCES

CONSULAIRES

DE

LA VILLE DE LIMOUX

RECUEILLIS ET PUBLIÉS PAR ORDRE DU CONSEIL MUNICIPAL
DE LA MÊME VILLE.

LIMOUX, IMPRIMERIE DE J. BOUTE,
RUE DES AUGUSTINS.
—
1852.

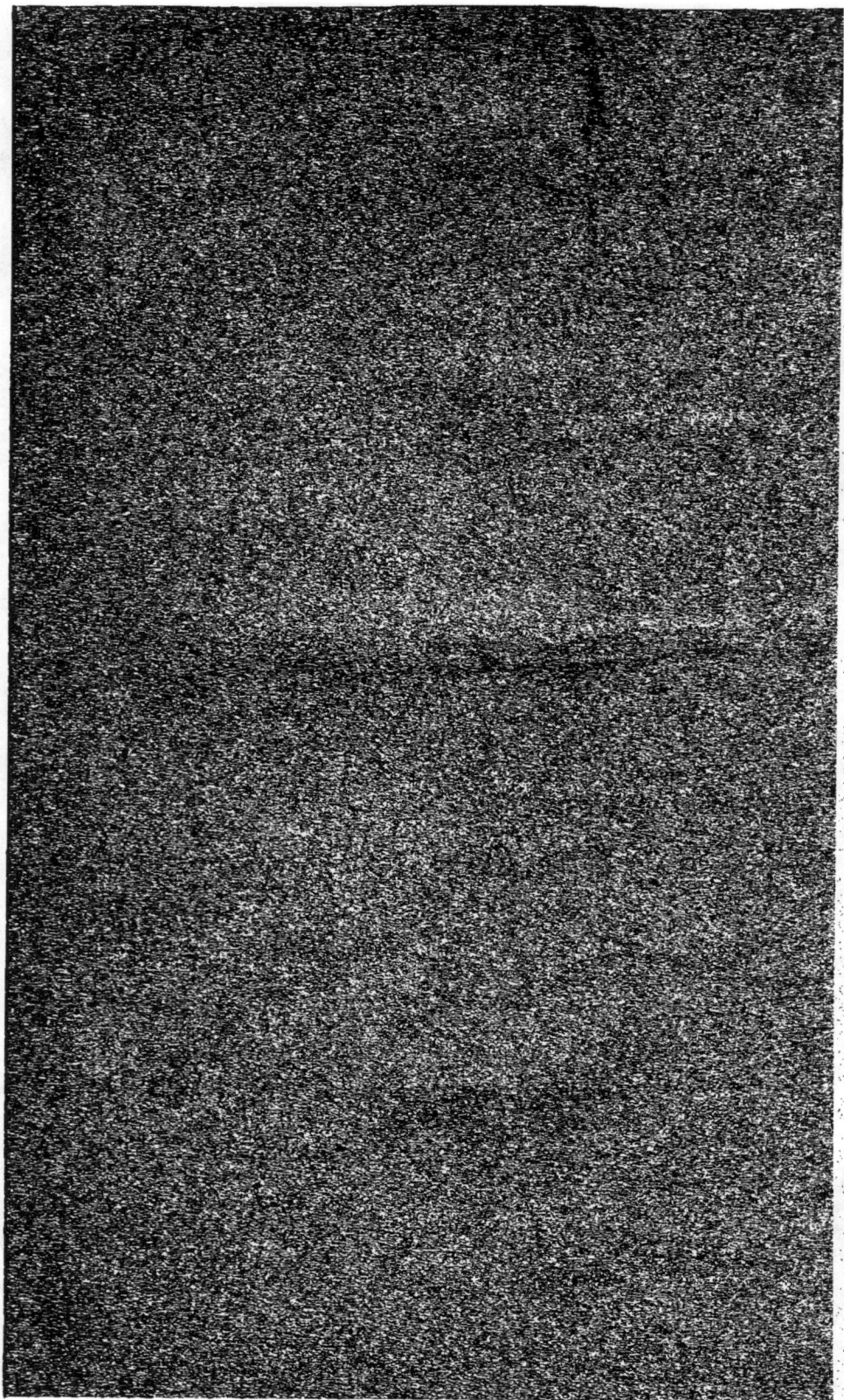

RÈGLEMENTS

ET SENTENCES

CONSULAIRES

DE LA VILLE DE LIMOUX.

C.

RÈGLEMENTS

ET

SENTENCES

CONSULAIRES

DE

LA VILLE DE LIMOUX,

AVEC UN TABLEAU HISTORIQUE DE LA MÊME VILLE.

LIMOUX

IMPRIMERIE DE J. BOUTE,

RUE DES AUGUSTINS.

—

1852.

EXTRAIT

Des délibérations du Conseil Municipal de la ville de Limoux,
du 6 novembre 1851.

—

« M. le Maire donne lecture d'une lettre dans laquelle un membre du Conseil (M. Buzairies) fait observer qu'il existe, dans les Archives communales, un livre manuscrit contemporain de celui qui renferme les Priviléges de la Ville et qui en est en quelque sorte le complément; on y trouve plusieurs Règlements consulaires sur la police rurale et sur d'autres matières administratives. Ce livre, pouvant servir à faire mieux connaître l'Histoire des Conseils municipaux de Limoux et à fournir la solution de quelques questions d'administration municipale, l'auteur de la lettre pense qu'il serait opportun de le faire imprimer aux frais de la Ville, et de compléter, par cette publication, tout ce qui se rattache à l'Histoire du régime municipal dans la ville de Limoux.

» Le Conseil, après avoir entendu la lecture de cette communication, après avoir pris connaissance d'un Recueil manuscrit renfermant divers Règlements consulaires, rédigés en langue romane vers le commencement du XIVe siècle, a été d'avis, à l'unanimité, qu'il y avait lieu d'accueillir favorablement la proposition qui lui était faite.

» De l'examen de ce livre, il résulte que les documents qui y sont renfermés sont de nature à intéresser à la fois l'Histoire de Limoux, celle du Conseil municipal de la même ville et l'Histoire des Libertés communales dans le midi de la France. Le Conseil, toujours disposé à prêter son appui à tout ce qui peut jeter quelque clarté sur l'Histoire de la Ville qu'il est chargé de représenter, s'est empressé de voter une somme de trois cents francs, qui devra servir à acquitter les frais d'impression du Recueil des Anciens Règlements consulaires de la ville de Limoux. »

TABLEAU

Des Membres du Conseil Municipal de la ville de Limoux.

1851.

—

MM. BONSGRABIER (Jean-Marc), fabricant de draps.
LAPASSET (Benjamin), banquier.
BUZAIRIES (Louis-Alban), docteur-Médecin.
BERNARD (Jean-François), maître-d'hôtel.
BARTHE-DÉJEAN (Casimir), négociant en laines.
TAILHAN (Pierre), limonadier.
GUIRAUD (Melchior), propriétaire, *Maire.*
CONSTANS (Alexandre), marchand de fer.
AYMÉRIC (Raymond) aîné, boulanger.
RAYNIÉ-FARIS (Hyacinthe), marchand de grains.
THOMAS (François), docteur-médecin.
CATALA (Louis), capitaine en retraite.
HOMPS (Charles), docteur-médecin.
VIDAL (Louis), bottier.
COUFFOULENS-FOURNIÉ (Jean-Baptiste), chapelier.
ARNAUD (Bernard) aîné, serrurier.
ESPARDELLIER (Laurent-Franç.-Aug.), avoué, *Adjoint.*
BRIEU (Antoine), limonadier.
TRAUQUE (Henri), cultivateur.
SOUBILS (Pierre) aîné, tourneur.
GOURNAC (Pierre), tisserand.
MÉCRE (Gimer), bottier.
BERTRAND (Jean) cadet, voiturin, *Adjoint.*

INTRODUCTION.

—

Le pouvoir consulaire a été créé dans Limoux au commencement du XIIIe siècle. Les attributions qui lui furent d'abord accordées par les seigneurs ne s'étendaient pas au-delà de l'administration de la police et de la délimitation de certaines taxes. Pour user de leurs droits en pareille matière, les consuls rédigèrent des règlements qui restèrent pendant longtemps en vigueur. Ce sont ces règlements, conservés autrefois avec le plus grand soin dans les archives communales, qui vont être reproduits.

Avant de faire connaître le texte de divers actes émanés du pouvoir consulaire, il faut indiquer sommairement ce qu'ils offrent de plus remarquable.

I. — Le premier règlement rédigé par les consuls de Limoux remonte vers le milieu du XIIIe siècle (1268); il avait pour objet de fixer les droits que diverses marchandises, introduites dans la ville, étaient tenues de payer aux gardiens des portes. Le produit de ces taxes ne profitait pas à la commune; mais cette dernière était intéressée à modérer cet impôt, afin qu'il n'apportât aucun obstacle à l'activité des industries qui fesaient vivre les habitants de Limoux.

Les matières assujetties au droit d'entrée le plus

élevé étaient celles qu'on introduisait dans la ville en grande quantité, et qui y donnaient lieu à un commerce assez suivi. Parmi ces matières on voit figurer les peaux de plusieurs espèces animales. Il paraît que la pelleterie occupait autrefois beaucoup de bras dans Limoux, et que les fourrures y étaient d'un usage très répandu (1). Il paraît aussi qu'on utilisait dans ce but un grand nombre d'animaux qui sont devenus excessivement rares ; de ce nombre sont les écureuils, les cerfs, les martres, les loutres et les chats sauvages.

Après la pelleterie, les tissus de laine et les matières teintoriales donnèrent lieu à plusieurs acticles du leudaire. N'est-ce pas là un indice que la fabrication des draps est depuis longues années l'objet d'un commerce très lucratif pour les habitants de Limoux ? (2) Quant aux bois de construction (3) et aux farines

---

(1) Ce qui le prouve, c'est qu'une section assez étendue de la ville de Limoux (Petite-Ville) prit le nom de la profession qui y était généralement exercée (Blanquerie), et que plusieurs articles du leudaire s'appliquaient à la pelleterie. (*Anciens Règlements consulaires de la ville de Limoux*, pages 3, 8, 9, 10.)

(2) Les actes les plus anciens qui font mention d'usines pour la préparation des draps, dans cette ville, portent les dates de 1204, 1284, 1292. (*Répertoire des titres du couvent de Prouille ; — Archives communales ; — Libertés et Coutumes de la ville de Limoux* ; pag. 22.) Cette préparation occupait plusieurs industriels dans les rues *Parerie, Parerie-Neuve, la Clède, la Bourrerie.*

(3) Des actes du xiiie siècle parlent de la rue *Carrassière,*

de froment (1), le leudaire semble dire aussi que ces deux branches d'industrie occupaient une large place dans la même ville.

Certaines matières, celles qui étaient fréquemment employées dans les cérémonies religieuses, ou qui servaient aux besoins des petits ménages, ne payaient aucune taxe. Dans le but d'alléger les charges qui pesaient sur les classes peu fortunées, on ne demandait aucune rétribution aux marchandises de peu de valeur, mises en vente sur les bras.

Quant à la taxe de la lende, elle était réglée d'une manière approximative : on l'avait fixée d'après les usages adoptés dans le pays pour le transport des marchandises. C'est par charge d'ânesse ou de grosse bête de somme; c'est par fagot porté sur les épaules humaines, qu'on payait les taxes à l'entrée de la ville. Plusieurs droits étaient payés avec une partie déterminée de la marchandise introduite; d'autres droits,

---

de la place et de la rue *Fusterie*. (*Répertoire des titres du couvent de Prouille.* — *Libertés et Coutumes de la ville de Limoux*, pag. 19.)

(1) Des actes de 881 et 899 prouvent qu'il existait déjà des moulins à farine dans Limoux pendant le IXe siècle. (VAISSETE, *Hist. de Lang.*, tom. II, pag. 682, 697.) Quelques faits prouvent également que cette industrie avait pris dans Limoux un grand développement. Ces faits sont : 1° l'existence d'un chemin appelé *Farinié*, sur les bords de Cogan; 2° le retour annuel d'une brillante fête portant le nom de *Partie des Meûniers ;* 3° la présence sur les deux rives de l'Aude de plusieurs moulins sur pied ou en ruines.

mais en bien petit nombre, étaient acquittés en travail au profit du seigneur. Les négociants qui ne séjournaient pas dans Limoux et qui se bornaient à passer avec leurs marchandises à travers les rues de cette ville, n'étaient pas exempts d'impôt ; toutefois, celui qu'ils étaient tenus d'acquitter avait subi une faible réduction.

Les valeurs monétaires les plus répandues, au moment où les droits de leude furent fixés, étaient d'un prix plus élevé qu'aujourd'hui ; on payait presque toutes les taxes avec des deniers tournois , ou bien avec des sols ; on acquittait quelques-unes d'entr'elles avec une valeur monétaire beaucoup plus faible , cette monnaie portait le nom de *meal* dans l'idiome roman ; elle a cessé d'avoir cours dès que le numéraire le plus précieux a commencé à devenir moins rare.

II. — Vers la fin du xii.e siècle, les habitants de Limoux furent autorisés à disposer de leurs biens par vente ou par testament. Les fonctionnaires qu'on autorisa d'abord à rédiger des actes testamentaires étaient des prêtres attachés à l'église de St-Martin. Ces prêtres, après être passés sous la dépendance du couvent de Prouille à qui on céda tous les revenus de l'église paroissiale de Limoux, portèrent le nom de nótaires ou de *procureurs des causes pies.* Aucun tarif ne fixait le chiffre de leurs honoraires, et des abus finirent par en être la conséquence. Afin d'introduire une règle dans ce genre de salaires, les consuls, d'un commun accord avec le supérieur du couvent de Prouille, rédigèrent, en 1278, un tarif qui avait pour objet de proportionner les honoraires des notaires à la fortune des personnes qui testaient ou contractaient mariage.

III. — Vers la même époque (1298), les consuls réglèrent, d'un commun accord avec le supérieur du couvent de Prouille, les honoraires des curés chargés de célébrer les cérémonies nuptiales dans l'église de St-Martin. Ces honoraires furent mis également en rapport avec la fortune des conjoints, et on fit cesser un usage qui était resté jusque-là en vigueur. D'après cet usage, le prêtre célébrant acceptait un dîner chez le mari, et un souper chez la femme; c'est là tout ce qu'il avait le droit de recevoir après la célébration des mariages.

IV. — Les Consuls s'appliquèrent, avec le plus grand soin, à formuler des règlements de police rurale. D'après l'un de ces règlements, rédigé, selon toutes les vraisemblances, pendant le cours du XIVe siècle, les contraventions champêtres étaient punies par une amende et par une indemnité au profit du propriétaire qui avait éprouvé des dommages. Les amendes appartenaient à la commune, et des fermiers se chargeaient d'en percevoir le produit. Les fermiers des amendes étaient investis de ce titre à la suite d'une enchère, et ils s'adjoignaient un certain nombre de gardes qui n'exerçaient leurs fonctions qu'après avoir été agréés par les Consuls.

Les gardes constataient les délits et les signalaient aux fermiers des amendes; ceux-ci, après avoir reçu la révélation de quelque délit, faisaient condamner les contrevenants dans le délai de huit jours. Les

gardes devaient de leur côté faire connaître les contraventions et la nature des dommages le jour même,
ou bien au plus tard le lendemain du jour où ils avaient
été accomplis.

Des prud'hommes délégués par les Consuls appré-
ciaient la valeur des dommages ; dès que cette formalité était remplie, les amendes devenaient exigibles
et les fermiers les retenaient entre leurs mains pendant
quinze jours. Après ce terme, les objets qui représen-
taient l'amende pouvaient être vendus, mais il fallait
préalablement en informer le public dans les rues de
Limoux. Si les objets vendus fournissaient une somme
supérieure à celle qui revenait aux fermiers, ceux-ci
rendaient aux contrevenants l'excédant de ce qui leur
était dû.

Telles étaient les dispositions principales qu'on
trouvait renfermées dans le règlement de police rurale,
qui fut le premier mis en vigueur. Vers le milieu du
xvᵉ siècle (1453), un autre règlement vint en compléter plusieurs lacunes. Dans ce dernier règlement,
on disait que chaque année, pendant le mois de janvier, les terres communales de Limoux seraient di-
visées en plusieurs parcelles, et que chacune d'elles
serait assignée à un propriétaire de bêtes ovines, porcines ou caprines. Une ces parcelles était réservée
pour les animaux malades, et c'est là seulement qu'on
pouvait les mener paître.

Les propriétaires de bêtes ovines et porcines confiaient la garde de leurs troupeaux à des hommes que
les Consuls avaient acceptés ; ils n'élevaient jamais

des chèvres en liberté et ils ne pouvaient conduire aux pâturages, avec des cordes, que celles destinées à la boucherie ou bien à fournir du lait aux malades ou aux enfants. Quant aux chiens de chasse et de berger, il était défendu de les laisser errer librement depuis le mois de mars jusqu'après les vendanges.

Les agents du consulat et les gardes champêtres recevaient l'ordre de s'emparer des animaux qui causaient quelque dommage et de saisir les objets volés ; mais il ne leur était pas permis de garder ces objets dans leur domicile, et ils devaient les déposer dans la maison consulaire ; il ne leur était pas permis également de faire aucune espèce de transaction avec les délinquants.

Les jeunes personnes, après l'âge de dix ans, devenaient responsables de leurs actes. Celles dont les parents ne pouvaient ou ne voulaient acquitter les dommages, allaient expier leur peine dans une maison de Limoux.

Tous les animaux qu'on conduisait dans les champs pour y prendre leur nourriture étaient tenus de rentrer dans la ville avant la fin du jour. Lorsque les cloches de l'église paroissiale avaient sonné l'*Angelus* du soir, on fermait les portes des murs d'enceinte et on ne les ouvrait plus pour laisser entrer les animaux en retard.

Chaque année, les Consuls désignaient une personne à qui ils confiaient le soin de faire l'application des règlements de police. La personne investie de ce pouvoir portait le nom de syndic. S'il s'élevait des difficultés entre les délinquants et le syndic, c'était aux Consuls qu'appartenait le droit de les résoudre.

V. — Au commencement du XIVe siècle, les fonctions de crieur public furent soumises à certaines règles. La personne qui en était investie ne devait exiger d'autre salaire que quelques pièces de monnaie commune et le vin qui était nécessaire pour remplir une bouteille dont elle était porteuse. Ce salaire pouvait varier néanmoins selon l'importance des annonces et, de plus, selon le domicile des personnes qui les faisaient faire.

Les publications confiées au crieur public, soit au nom du Roi, soit au nom du Seigneur, soit enfin au nom des Consuls, devaient toujours être gratuites.

C'est aux enchères qu'on donnait la charge de crieur public. La personne à qui elle était adjugée prenait sous ses ordres des agents aptes à faire les annonces et dont la moralité devait satisfaire le pouvoir consulaire.

VI. — Les encans avaient besoin, eux aussi, d'être assujettis à une règle ; il fallait mettre la redevance perçue sur le prix de ce genre de ventes en rapport avec la valeur des objets vendus : des fermiers se chargeaient de percevoir ces redevances, et, ni les fermiers, ni leurs agents ne devaient acheter les objets vendus. Aux Consuls revenait le droit de décider toutes les difficultés qui s'élevaient au sujet des ventes à l'encan.

VII. — Pendant le cours du XIVe siècle, les Consuls s'occupèrent également de régler tout ce qui se rapportait aux fonctions de courtier pour le commerce. Les honoraires de ces courtiers furent mis en rapport avec le prix des ventes qu'ils avaient préparées. La moitié de leurs honoraires devait être acquittée par le vendeur, l'autre moitié restait à la charge de l'acheteur.

VIII. — Les mesures en usage dans le commerce étaient vérifiées par des agents spéciaux et revêtues d'une marque. Pour l'accomplissement de cette formalité, on adopta un tarif qui mit fin à toute exigence trop fiscale. Les chiffres adoptés dans ce tarif variaient selon la capacité des mesures et suivant l'usage auquel elles étaient destinées. Certaines mesures étaient communes à tous les commerçants; il y en avait d'autres qui n'étaient en usage que dans les tavernes et chez les marchands de redoul.

IX. — La boulangerie ne pouvait échapper à la vigilance des consuls : un tarif, adopté par eux, régla le prix du pain et le mit en rapport avec celui du froment. On fabriquait alors quatre qualités de pain; aux trois qualités qui sont encore en usage chez plusieurs boulangers, on en avait ajouté une autre qui était le produit du mélange du seigle avec le blé.

X. — La proportion d'impôt que les habitants de Limoux avaient à payer pour les dépenses d'un intérêt commun, variaient selon les sections de la ville. Cette proportion décroissait dans l'ordre suivant : 1o Blanquerie; 2o Tolosane; 3o Trinité; 4o Foire; 5o Eglise. On ne dit pas sur quelle base on s'appuyait pour adopter un ordre de ce genre; tout porte à penser qu'il était en rapport avec le degré d'aisance de chaque quartier.

XI. — Le recueil de ces divers règlements ne se borne pas à jeter quelque clarté sur l'Histoire de la ville de Limoux et sur le développement de son pouvoir municipal, il montre encore quelles étaient les matières sur lesquelles s'exerçait successivement sa vigilance, et quelle est la part qui lui était faite dans la direction des affaires communales.

Les légistes, livrés à l'étude des coutumes locales, peuvent trouver dans ce même recueil des documents d'un vif intérêt; et les hommes appelés à tenir les rênes municipales y puiseront des éléments administratifs qui deviendront pour eux d'un puissant secours.

L.-A. BUZAIRIES.

RÈGLEMENTS CONSULAIRES

DE

LA VILLE DE LIMOUX.

I.

Les Consuls de Limoux, d'un commun accord avec leur Seigneur, fixent la leude ou bien les droits que devront payer à l'entrée de la ville un certain nombre de marchandises.

— 1267. —

Anno domini millesimo ducentesimo sexagesimo septimo, tertio idus aprilis, sit notum cunctis, quod Guilhelmus Burserius, Petrus Niger, Raymundus de Cornanello, Petrus Cerminius major, gratis confessi fuerunt cum aliis leudariis coram domina Joanna relicta quondam domini Petri de Vicinis domini de Limoso et filiis suis et consulibus de Limoso et domino Philippo Colon qui cum eis presens erat, quod de omnibus rebus quœ inferius continentur Leuda dari debet in villa de Limoso et in suis terminis pro ut inferius sunt expressi prœdicti termini.

So es assaber quels terminis dels leudaris de Limos es del col de Moscalha entro a la vilha de Limos, e del pont de Aleyt entro la vilha de Limos, e del col de Lavezola entro a la vilha de Limos, e de la porta de Lopia entro a la vilha de Limos, e del col de Bernet entro la vilha de Limos, e del rec de Car-

1

casses entro a la vilha de Limos, e del col de Gardia entro la vila de Limos.

Item tot caval que sya vendutz a Limos sia dome estranh que sya vendutz milo sols deu pagar de leuda cinq sols, e si es vendutz cinq cens sols deu pagar dous sols sieis diniers, e sis ven mens de cinq cens sols pagara xviii diniers, e si nos ven mays qu'en passe per Limos pagara mieia leuda del prestz que sera presatz.

Item tot home estranh que mene vendre rossi a Limos dhegua paguara per leuda viii diniers tornes.

Item tot home estranh que venda aze a la vilha de Limos paga ii diniers tornes de leuda.

Item tot home que venda sauma a la vilha de Limos paga i dinié tornes de leuda.

Item tot home estranh que venda bueu en la vilha de Limos pagua ii diniers tornes de leuda.

Item tot home estranh que venda vacca en la vilha de Limos paga i dinié tornes de leuda.

Item tot home estranh que venda porc o trueia en la vilha de Limos paguara i dinié tornes de leuda.

Item tot home estranh que porte vendre porcel en la vilha de Limos e quel tengua en sos brasces entro que sya vendutz no paga re de leuda, e si enans le pauza en terra que sia vendutz paga i meala de leuda.

Item tot home estranh que venda moto o feda en la vilha de Limos paguara i meala de leuda.

Item tot home estranh que venda boc o cabra en la vilha de Limos paga i meala de leuda.

Item tot home estranh que venda i cargua de draps de lana a Limos, o lan passe pagua iiii sol de tornes per leuda bestia grossa, e si la porta aze pagua ii sol per leuda, e si porta i drap sol entier pagua ii diniers tornes per leuda e si no es entiers pagua i dinié tornes per leuda.

Item tot home estranh que venda o passe i cargua de fustanis per la vilha de Limos pagua iiii sol de tornes per leuda de bestia grossa; e si la porta aze pagua ii sol de tornes per leuda ; e per cada cap de fustani i dinié tornes si no es cargua.

Item home estranh que venda o passe i cargua de solas per la vilha de Limos pagua iiii sol de tornes per leuda.

Item tot home estranh que venda o passe cargua de cuers per la vilha de Limos pagua iiii sol de tornes e per i cuer adobat pagua i dinié tornes per leuda.

Item tot home estranh que porte pels de boy o de cabras o de motoninas pagua per xii pels i dinié tornes, e per vi pels i dinié tornes e per iii pels meala et per ii pels o per i pel no pagua re. Ayso es entendut de pels am pel e si las fazian adobar las devant ditas pels à Limos e que las vendesso dara tota la leuda. E si las porta en autre loc vendre e si las tornana per aquela via on so vengudas assa mayso paguara mieja leuda.

Item tot home estranh que porte per vendre pels adobadas a Limos o cordoa paguara vi diniers tornes per xii pels de leuda e per i pel adobada paguara i meala de leuda.

Item tot home estranh que porte vendre correjas à Limos paguara de xii correjas i dinié tornes per leuda.

Item tot home estranh que porte vendre escodatz a Limos paguara per xii escodatz ii diniers per leuda.

Item tot home estranh que porte i cargua de pels de esquirols paguara iiii diniers tornes per leuda e per iiii esquirols paguara i meala.

Item tot home estranh que venda cuer de caval o de bueu o de ser o daze o dautras bestias grossas que son domerjas o estranhas que valo mays de xii diniers tornes deu dar per leuda i dinié tornes.

Item tot home estranh que porte vendre i cuer de trueia à Limos pagua i dinié tornes de leuda.

Item tot home estranh que porte vendre pel de gat salvage, o de volp, o de loyria, o de martri, o de fayna pagua i dinié tornes per leuda.

Item tot home estranh que venda i saumada de potz de fuelha davet paga ii diniés tornes per leuda.

Item tot home estranh que venda ɪ saumada de cabiros pagua ɪ dinié tornes per leuda.

Item tot home estranh que venda ɪ saumada de post de fagz pagua ɪɪɪ mealas per leuda.

Item tot home estranh que venda ɪ saumada d'estanhs de coral paga ɪ dinié tornes de leuda.

Item tot home estranh que venda ɪ saumada de agulas de cor paga ɪ dinié tornes per leuda.

Item tot home estranh que venda ɪ saumada de forcas de cor o forca pagua ɪ dinié tornes si la porta la forcha sola.

Item tot home estranh que venda ɪ saumada de mijanas de cor de tina o de vaycel pagua ɪ dinié tornes de leuda.

Item tot home estranh que venda ɪ saumada d'archas viscrada paga ɪɪɪ mealas de leuda.

Item tot home estranh que venda archa que l'aia aportada al col pagua ɪ meala de leuda.

Item tot home estranh que venda una archa davet o de fagz o d'autre fust paguara ɪ dinié tornes per leuda.

Item tout home estranh que venda ɪ saumada de lata pagua ɪ dinié per leuda e cargua dome paga ɪ meala de leuda.

Item tot home estranh que venda ɪ saumada de celcles de qualque fustz que sian pagua ɪɪ diniés tornes per leuda e per carch dome paga ɪ dinié tornes per leuda.

Item tot home estranh que venda ɪ vaycel pagua per leuda ɪ dinié tornes e per ɪ tina pagua ɪɪ diniés de leuda.

Item tot home estranh que porte per vendre ɪ saumada de tanangz de lum que sia aportada en dimenge o en delus aprop miegz dia e tot le dimartz pagua per leuda ɪɪɪ garbas o ɪɪɪ diniés e si els autres dias de la sepmana la porta paga ɪɪ diniés o ɪɪ garbas e per carch dome deu pagar ɪ dinié tornes e si home en porta ⱽɪ garbas non pagua re.

Item tot home estranh que venda paniers ɪ carh dome pagua ɪ panier per leuda. De ɪɪɪɪ paniers entro ⱽɪ paniers paguara de leuda ɪ meala torneza.

Item tot home estranh que venda ɪ saumada de palas que sia aportada per vendre le dimenge el dilus aprop le mieg dia el dimars tot le dia pagua ɪɪɪ palas per leude e si els autres dias de la sepmana las ven, pagua ɪɪ palas mes portadas als autres dias.

Item tot home estranh que venda cargadura de margues d'ayssadas o de picassas pagua peu leuda ɪ margue.

Item tot home estranh que porte vendre ɪ saumada de verzelas paguara per leuda ɪ garba.

Item tot home estranh que porte vendre ɪ saumada de forcas paga ɪɪɪ forcas el fays de 1 home paga per leuda ɪ forca.

Item tot home estranh que venda ɪ saumada de aguladas pagua per leuda ɪɪ aguladas el fays dome pagua per leuda ɪ agulada.

Item tot home estranh que porte vendre ɪ saumada de borsas pagua per leuda ɪɪ borsas e per fays dome paga per leuda ɪ borsa.

Item tot home estranh que aporte vendre a Limos ɪ saumada de anaps evernissatz pagua de leuda ɪɪɪɪ diniés torneses.

Item tot home estranh que venda ɪ saumada descudelhas o destrieras que no sian umsadas pagua per leuda ɪɪ escudelhas o ɪɪ destrieras per leuda.

Item tot home estranh que venda carc dome o fays d'anaps de mazer o de veyre o de azero paguara per leuda ɪ anap de veyre o de mazer o d'azero.

Item tot home estranh que venda ɪ saumada d'escaunas paguara per leuda ɪɪ escaunas.

Item tot home estranh que porte vendre ɪ saumada d'escaunas daquelas que hom fa las canas paguara per leuda ɪ dinié tornes.

Item tot home estranh que porte vendre ɪ saumada de semals o de cornudas paguara ɪ dinié e de ɪɪ cemals o de mays pagua per leuda ɪ meala.

Item tot home estranh que venda ɪ saumada de fonzels de semals pagua per leuda ɪ dinié tornes.

Item tot home estranh que venda ɪ meher de botam de xɪɪɪɪ cens paga per leuda ɪɪɪɪ sols ɪɪ diniés o si mens ne porta pagua per le mieg.

Item tot home estranh que porte vendre a la vilha de Limos
ɪ saumada de perjas de avela pagua per leuda ɪɪ perjas de
avela e per ɪ carc dome pagua ɪ perja davela per leuda.

Item tot home estranh que porte vendre ɪ saumada dastas
de lansa paguara per leuda ɪ dinié tornes.

Item tot home estranh que venda ɪ saumada de perjas de
darsy paguara per leuda ɪ dinié tornes.

Item tot home estranh que venda una saumada de peges
darchas pagua per leuda ɪ dinié tornes.

Item tot home estranh que porte vendre ɪ garba de vims a
la vila de Limos pagua per leuda ɪ vim.

Item tot home estranh que venda ɪ carc dome o fays de
perjas ne Nadal pagua per leuda ɪ garba e de ɪ garba pagua
per leuda ɪ perja.

Item tot home estranh que porte vendre ɪ saumada de maut
pagua per leuda ɪ garba.

Item tot home estranh que venda ɪ saumada de pa a Limos
pagua per leuda ɪɪ pas o ɪɪ diniés tornes.

Item tot home estranh que porte vendre carc o fays dome
de pa pagua per leuda ɪ dinié tornes e si mens ne porta de
carc dome no paguara re.

Item tot home estranh que venda carnsalada a Limos pagua
per leuda ɪ dinié tornes per ɪ porc.

Item tot home estranh que venda ɪ cargua de bestia grossa
o daze de say o de ceu pagua per leuda ɪɪɪɪ diniés tornes per
leuda.

Item tot home estranh que venda say ceu o cendres cla-
velhadas o pastel o fer o roja paguara le comprador e dara per
cada cartayro ɪ meala per raso del pes e per cada quintal ɪɪ
diniés tornes e si es mens de ɪ cartayro no pagua re et ayso se
serva entro al pes de xx liuras.

Item tot home estranh que venda peys salat de mar o destanh en la vilha de Limos pagua per leuda de xxv peyses ɪ peys
e sil ne passa que nol venda pagua de ʟ peyses ɪ peys e si es
peys de aygua dossa no pagua re.

Item tot home estranh que venda anguilas saladas de mar

o destanh en la vilha de Limos paguara per leuda de xxv anguilas i anguila e sin passa que no las venda paguara per leuda
de l anguilas i anguila e si es de aygua dossa no pagua re.

Item tot home estranh que porte pomas o autra fruta per
vendre a Limos le dimenge ol delus aprés mieg dia el dimars
tot dia deu paguar de cada saumada i dinié tornes o iii juntadas
de leuda. E la saumada que ve le dimecres ol dijaus ol divendres ol dissapte deu pagar i dinié tornes e non plus, e carc
dome e de femna pagara per leuda i juntada e non pus.

Item tot home estranh que porte vendre i saumada de naps
deu paguar i dinié tornes o iii juntadas que vengua le dimenge
ol dilus aprop mieg dia el dimars per tot le dia, e si ve en dimecres ol dijous o en dissapte la saumada pagua i dinié tornes
e non pus e carc dome o de femna deu pagar i juntada e non
pus.

Item tot hom estranh que porte vendre li a la vilha de Limos
pagua per leuda la dezena part del li.

Item tot home estranh que venda i saumada de pors en
la vilha de Limos pagua per leuda ii garbas o ii tornes e si lan
passa que no la venda pagua i dinié tornes.

Item tot home estranh que porte vendre i saumada descal-
venhas paga per leuda ii garbas o ii diniés tornes.

Item tot home estranh que porte vendre i saumada de cauls
pagua per leuda ii diniés tornes.

Item tot home estranh que venda i saumada de cebas a
Limos paga per leuda ii forcs e mieg, e si no ven a Limos
mays quen passe entre sepmana pagua i forc de cebas per
leuda.

Item tot home estranh que venda i saumada dalhs a Limos
pagua per leuda ii forcs e mieg, e si nos ven a Limos mays
quen passe pagua ii forcs, e entre sepmana pagua i forc.

Item tot home estranh que sia maseliers que ausiza porc
per vendre pagua i dinié per leuda, e per moto i meala, e per
i feda i meala e per boc i meala e per i cabra i meala per
leuda.

Item tot home estranh que porte i saumada doli en la vilha

de Limos paga per leuda IIII diniés tornes bestia grossa e per hisida pagua IIII diniés tornes e per mesurage a la dorna pagua II diniés tornes.

Item tot home estranh que porte I saumada doli amb aze a Limos que la venda pagua per leuda III diniés tornes.

Item tot home estranh que porte oli sobre si per cada migiera pagua per leuda I dinié tornes e per I carto doli pagua per leuda I copo doli.

Item tot home estranh que porte I saumada de sal qualque bestia que sia que la porte e la ven a Limos pagua per leuda II diniés tornes e sin porta una emina pagua I dinié e sin porta I cartiera I meala, a comezeys deu pagar si home la porta, e per mesurage rar una copa.

Item tot home estranh que porte olas en dimars a la vilha de Limos per vendre pagua per leuda de cada moyso I ola.

Item tot home estranh mercadier o mercier que tenga draps o autras merces dejos la cuberta de la plassa de Limos e las taulas per cada I taula deu pagar I meala e si defora la cuberta teno draps en bancas no devo re pagua.

Item tot home estranh mercadier o sabatier o curatier pagua I meala per taulage.

Item tot home estranh que tengua draps en las taulas en dimars e pelissas o lences deu pagar I meala per taulage.

Item home que venda I carca de cera en la vilha de Limos pagua per leuda IIII sol e per cada dotzena deu pagar I dinier tornes e de mens de XII lieuras no pagua re.

Item tot home estranh que venda I carca de pebre en la vilha de Limos pagua IIII sol per leuda e per I quintal XII diniés tornes e per I cartayro III diniés tornes e si no y ha cartayro no deu re paguar de leuda.

Item tot home estranh que venda I cargua de comi en la vilha de Limos pagua per leuda XVI diniés tornes e per I cartayro I dinié e sin porta mens I cartayro no pagua re.

Item tot home estranh que venda I cargua de saffra pagua per leuda IIII sol e sin porta mens de I cargua paguara per leuda I dinié.

Item tot home estranh que venda ɪ cargua de bestia grossa de lana filada a Limos paguara per leuda vɪɪɪ diniés e si la porta aze paguara ɪɪɪɪ diniés tornes de la cargua e per ɪ cartayro pagua ɪ meala e si es mens no pagua re.

Item tot home estranh que vendá ɪ saumada de redor de bestia grossa a Limos pagua per leuda ɪɪɪɪ diniés tornes e per saumada daze ɪɪɪ diniés si es vendutz a Limos. E si no es vendutz mays quen passe cada saumada paguara ɪɪɪɪ diniés tornes.

Item tot home estranh que venda ɪ saumada de ferr a Limos pagua per leuda ɪ dinié tornes.

Item home estranh que venda fauces en la vilha de Limos paguara per leuda ɪ faus per tot lan.

Item es sert que lenses no pagua leuda a Limos.

Item estamenhas no pagua re.

Item endi no pagua re de leuda.

Item deguna obra destanh ni de aram no pagua re de leuda.

Item deguna obra de coyre no pagua re de leuda.

Item pastel no pagua re de leuda.

Item argentier no pagua re de leuda.

Item acier no pagua re de leuda.

Item pel de ca no pagua re de leuda.

Item pel de taysso no pagua re de leuda a Limos.

Item patnas de fer no pagua leuda.

Item tot home estranh que compre en la fieyra de Limos drap de li o de lana otra ɪ cana pagua ɪ meala per yssida e si so ɪɪ canas pagua ɪ dinié tornes per yssida.

Item tot home estranh que compre en la fieyra solas que monte entro a ɪɪ sols pagua ɪ meala e si monta mays de ɪɪ sols sera dobla.

Item tot home estranh que compre cuer de las que na ampel pagua ɪ meala e de las autras pagenas del cuer no pagua re.

Item tot home estranh que compre pelissa e la porte al col o el bras que no sia vestida pagua ɪ dinié tornes per leyssir.

Item tot home estranh que compre rauba fayta de pels de cónils pagua i dinié de fieyras.

Item borrassas de pel no pagua re.

Item tot home estranh que compre pena de pels danhels pagua i dinié tornes de fieyras.

II.

Les Consuls de Limoux, d'un commun accord avec le Prieur de Prouille, règlent les honoraires que les notaires attachés à l'église de Saint-Martin pourront percevoir pour la rédaction des testaments et des actes de mariage.

— 1278. —

En l'an de nostre senhor m. cc. lxx. viii. Phelip Rey renhant iiii ydus d'aost, totz aian conogut que a requesicio et instancia d'en R. Bes, d'en Pons Huc, d'en B. Propis, d'en B. Gayto, d'en P. Ar. Caval e d'en G. Colom, cossols de Limos, requiredes tant per si quant per nom de la universitat dels homes de Limos quel senhor frayre Ar. Prior del monestier de nostra dona de Proilha, degues apausar maniera e forma sobrel salari ol loguier le cal les notaris de la glieysa de Sant Marti de Limos devo aver o percebre dels testamentz e dels esturmentz nupcials e daquels dependens les cals a la davant ditz glieysa d'antica costuma pertanher son conogut le desus dit senhor prior présens e saubens e volens les davant ditz cossols tant per si quant per le nom de la dita universitat de la vila de Limos. Volent sobre las causas de sus ditas a la endempnitat tant à la dita vila quant ad aquels notaris per nom de la davant dita glieysa pervezir amenec e volc e aytal maniera ordenar.

So es a saber quels notaris o les escrivas de la dita glieysa les cals per temps seran estatz de totz les testamentz totas las

laysas o a fe comesas estuticios o substitucios dels heritiers
o si autre gra si conte no requerida demanden o leven per
raso o per occisio de scriptura de cascu testament o tra x sols
de tornes, et ayso per aytal maniera que sil testador sia rics
les ditz x sols puescan demandar et aver de migansieyra a
dectas summa de v francs torneses sian contengutz; mays del
poble menut segon la petita manieyra de la sustancia d'aquel
peran entro a iii sols o a ii sols de tornes si sia paubre en
descenden; e ayso sil testador daquela malautia per razo de
la cal a adordenat le dit testament cum sera pausat en brevia-
ment sian pagats als dits notaris del testament del ric xii deniers torneses e dels autres vi deniers dels cals les dits notaris
sian obtengutz per le trebal. Sil testador de la dita malautia
guiera o en forma publica no aia calgut far, si empero le dit
testador moria volem que la mort del testador dins iii meses
les heritiers daquels o d'autres successors le testament daquel
segon la forma desus dita rezeban e rezebre sian tengutz que
las almoynas daquel e las laysas apiatosas causas e totas las
autras en le testament obtengudas de costa le piatados per
pausament del mort sian tengutz perseguir e volen que del
dit presentz sian remangut aquels xii deniers o vi deniers les
cals les dits notariis auran auut del comensament per la
abriviadura aysi comes dit. Sobrels esturmentz actas nupcials
e daquels dependens le dit senhor Prior adordenec que canta
que cantitat de tot o donacios per nupcias o de covenencias
quascunas.

Lesturment nupcial o esturment obtengua no sian pagatz
per le marit ni per la moler si no entro a x sols torneses per
les esturmentz nupcials et ayso per aytal maniera que sil dot
sia establit dins lo nombre de xv libras torneses tant solament
le notari prengua per les esturmentz nupcials ii sols torneses
ni no sia forsatz de penre ment, si no per aventura le marit e la
moler eran greviatz per gran paubresa si a dectas le dot sia
establit a xv libras torneses, o à xx libras, o à xxv libras aian
per l'esturment nupcials iii sols torneses. Si adectas le dot
sia establit o tral nombre de xxv libras entro a xl libras de

tornes aian IIII francs torneses. Si adectas le dit dot sia establitz XL libras o a XLV, o a L libras aian les notaris per l'esturment V sols torneses. Si adectas le dot sobre monte le numbre de L libras entro à c libras torneses per cascus c sols aian les notaris VI deniers torneses. So es assaber de XL libras VI francs e de LXX libras VII sols, e de LXXX libras VIII sols, e de XC libras IX sols e de c libras o major summa canquecant sobre monte aian tant solamènt X sols torneses per les cals les otengutz l'esturment fayt sia tengutz restituir.

Mays car a la vegada se cove que insturmentz so faytz de quitansa e de deffinicio de paternal substancia per fila o per sor mandadara et esturment a de certas de deute de peccunia dotal o de la part daquela al gendre del sogre o daquel que a dota la fenna o del gendre esturment de reconoyscensa de dot pagat, per aytals esturmentz aia le notari per cascu del ric VIII deniers, del paubre IIII deniers; paubre adectas reputa le senhor Prior lequal dona mens alcuna causa en dot quant XX libras dels codecils adectas o autres esturment de testamentz descendent ad ordenec le senhor Prior davant dit que notari aia per cascu aytal esturment VIII deniers del ric e del paubre IIII deniers aysi cum desus es obtengut; alaqual ordenacio les dits cossols per si e per la universitat desus dita autregero.

Fayt fo ayso a Limos en la claustra mendre de la glieysa de sant Marti de Limos en presencia e testimoni del senhor frayre P. Reg Prior dels frayres presicadors de Carcassona e frayre B. del Pi, e frayre R. Job del orde dels frayres presicadors, M. Ar. de Cogan, e M. P. Cin savi en dregt, Moss. Miquel Capela de Limos, R. Sauzils, e G. Ysarn pervcyres, B. R. Sartre, P. Faure Cavanach, B. Negre payre, B. Landric, B. Batalola, Ar. Aycart, G. Ays, G. Rasols e Miquel fil d'en B. R. Sartre, Guiraut piquier Clergue e P. R. de Potz e G. Lop Clergue, R. Caul, e Pons Capel de Limos e G Negre de Limos, notari public; le cal mandament descrieure daqui en dreyt receub, e per mandament daquel ieu John Jaqueli de Limos Clergue aquesta carta escrici e ieu me seys; aquel G. Negre dejos escrivi cofermi aquestas causas e senhi.

III.

Les Consuls de Limoux, d'un commun accord avec le Prieur de Prouille, règlent les honoraires que les Prêtres attachés à l'église de Saint-Martin pourront réclamer pour la célébration des cérémonies nuptiales.

— 1298. —

En l'an de la Dominical encarnacio m.cc.xc.viii, le senhor Phelip, rey de Fransa renhant, xvi kalandos d'abril, totz aian conogut que cosobrel maniar, o per aquelhas causas que per le maniar del marit e de la moler so es assaber de la moler per un sopar, e del marit per un dinnar, el temps de la solèmpnatio en la cara de la glieysa. Del matrimoni la glieysa de Sant Marti de Limos, ol percurayre del monestier de Prulha, per aquela glieysa devia recebre et aver trebal fos et escur en aquesta escurtat remanedora el trebal entrel relegios baro le senhor frayre B. de Turno, prior del monestier de Prulha, per nom de la dita glieysa et del monestier de autrejament de frayre P. Vidal et de frayre Ar. del Col, del orde dels frayres Presicadors, presens de una partida, et B. de Bosc, R. Gari, G. Pauta et Ysarn Servel, cossols de Limos, per si e per les siens, essems cossols per nom de la universitat de la vila de Limos, et daquela totz les autres dautra part volens a la endampnitat de la dita glieysa e a la dita universitat de la vila de Limos, e als autres en la dita glieysa matrimoni celebrans, e que en temps endevenidor se contendra esser celebrat cosselar e de tot puezir sobre las causas desus ditas, en tal maniera sacordero et entre els se convengro en aquesta maniera per la cal a de certas maniera volgro las causas desus ditas esser observadas dara en per totz temps en endevenidor. So es assaber que s'il dot sia establit de cantitat de lxxx libras et otra quant que sobre monte la dita glieysa de Limos ol percurayre daquela meseysa per aquela IIII sols de tornes aysi com se cove per le maniar damdos del marit e de la moler; so es assaber en tram dos aquels marit e moler aia en aquel meteys sian pagats; si adectas le dot sia establit de quantitat de LXX libras torneses per le maniar del marit e de la moler, entram dos III sols et VI tornes sian pagats; si adectas le dot sia de quantitat de LX liures tornes per le maniar damdos marit e moler, III sols tornes e sia de quantitat de L libras o de XL libras entro a las ditas, L liures enclusament II sols et VI de entramdos marit et moler sian pagats, si adectas sia establit o tral nombre de XXV libras entro a XL libras esclusament II sols per maniar desus dit sian pagatz; si adectas le dot sia de quantitat de XXV libras o de mentz descendent entro a XV libras esclusament; so es assaber sil dot sia de XV libras sian pagatz per le maniar desus dit a la glieysa XVIII deniers tornes; si adectas le dot sia establit dedins o dejos la quantitat de las ditas XV libras per le dit maniar XII deniers a la dita glieysa sian pagats, ni sian tengutz de mens aperre, si doncas le marit e la moler no eran agreviatz de granda paubreza. Ensi per aytal maniera las causas desus ditas dara en per tost temps esser pagatz e esser recebudas volgro e aquestas causas totas le dit senhor Prior per le senhor Prior perensal, et per la Prioressa del dit monestier permesa expressament far confermar.

Aquestas causas foro faytas en la mayso de la capellania de Limos, en presencia e testimoni de frayre P. Vidal, frayre Ar. del Col, del orde dels frayres presicadors desus dits, e de maestre G. de Cubiera, de Sant-Paul, savi en dreyt; maestre P. Cerni, savi en dreit, de Limos; G. Cerni daquel fil, clergue; et de maestre G. Camblieure, notari public de Limos, le cal per le comandement dels desus ditz de las causas desus ditas, aquesta carta receup, mays empero car la mort le pres en forma publica nola fe aprop le defaliment a dectas de lu ieu P. Negre, notari public de Limos, al dit maestre G. Camblieure, per auctoritat de mossen R. de Pradal, vige de Limos, de Saut e de Rezes, sustituit de la nota registrada e

le per tocol del dit maestre G. Camblieure, notari, no can-
cellada aquesta carta fizelment traysi escrixi en aquesta publica
forma en retornan en l'an de nostre Senhor m.ccc.xxi, le senhor Phelip, rey de Fransa e de Navarra, xiii kalendas de
junh et lassenhegui.

Aprop aquestas causas en l'an de nostre senhor m. cc. xc.
viii. xiiii kalendas dabril nos Prior desus dit ad estancia e
pergarias de B. de Bosc e den R. Gari cossols de Limos en
ayso presens declaram e volem que sil dot sia establit otral
nombre de l libras entro a lx exclusament o otra lx libras
entro a lxx libras exclusameut e otral nombre de lxx libras
entro a lxxx libras exclusivament daquel mays lequal sera en
le mieg de las ditas summas remays per le maniar no sia re-
quirit o sia pagatz.

Item declaram aquel esser paubre le cal x libras o mentz
de x libras receben de dot e daytal e de la moler de la deguna
causa de maniar si requerida ni pagada, car si alcuna causa
al monestier o a la glieysa pertanhia. Volem per causa d'al-
moyna esser remes en per totz temps et en ayssi aquestas
causas. Volem per nom del monestier per durablament esser
observadas. Faytas foro aquestas causas en presencia de
frayre P. Vidal, frayre Ar. del Col, del orde dels frayres presicadors, e de mossen P. Calla, vicari de la glieysa de Limos;
de maestre G. de Cubiera, savi en dreyt de Sant-Paul; B.
Usam, B. Propis, R. Adalbert de Flassa, P. Rogier de Ma-
lamata, e del dit maestre G. Camblieure, notari public de
Limos, lecal de las causas desus ditas aquesta carta receup,
mays car la mort le pres en forma publica no la fe. Aprop le
defaliment del cal actas ieu P. Negre, notari desus escrit al
dit maestre G., per auctoritat judiciaria desus dita substituit
de la nota del protocol del dit notari, non cancellata aquesta
carta fizelment trayxi, escrixi, en lan de nostre Senhor m.ccc.
xxi, le senhor Felip, rey de Fransa et de Navarra, renhant
xiii kalendes de junh e la senhegui.

IV.

Les Consuls de Limoux fixent les Peines qui seront applicables à diverses contraventions rurales. Ils règlent en même temps certains droits et certains devoirs attachés aux fonctions de garde champêtre.

Tot home e tota femna que sia atrobatz mal fazen en camp ho en vinha, o en ort, o en autras possessios que sia atrobatz per garda o per jurat, sia tengutz de pagar v sols torneses de pena, et emendar la tala si fayta navian.

Item tota bestia cavalina, e tota bestia mular, e tota bestia boyna e azenina que sia atrobada mal fazen, sia tenguda de pagar xii deniers de pena, e de emendar la tala si fayta navia.

Item tot porc e trueia que na sa aporquier si era atrobatz mal fazen, sia tengutz de pagar iiii deniers de pena, e amendar la tala si fayta navia.

Item si porc o trueia que no na sa aporquier, es trobatz mal fazen, pague vi deniers de pena, et emendar la tala si fayta navia.

Item si trueia porceliera era atrobada mal fazen am sos porcels, sia tenguda de pagar, entre si et sos porcels, de pena xii deniers, et amendar la tala si fayta navia.

Item tot molo, e toto feda, et tot boc, e tot crestat, e tota cabra que sian atrobatz mal fazens, paguaram ii deniers per bestia de pena, et emendar la tala si fayta navian.

Item tota garda et tot jurat que atrobe home o femna estranh, o privat, o bestia de quna condicio que sia, mal fasen, que aquel dia o lendema, o vengua revelar al fermier de la garda, e revele la tala si aparia que fayta naguesso.

Item quel fermier fassa penhorar le mal fazent per si o per son bestiar dintz viii dias aprop la revelatieu que li sera fayta per la garda o per le jurat e ffassa estimar la tala si aparia que naguesso fayta als proshomes en aquo elegitz per les senhors cossols e que no puescha forsar de levar la pena entro que la estimatieu sia fayta de la tala.

Item quel fermier de la garda can aura presa penhora del mal fazent cal que sia que l'aia a tenir xv dias abantz que la venda e can vendre la volra que offassa cridar publicament am trompa per la vila de Limos abantz que la venda que tot home la vengua debargar o la vengua vezer vendre a l'encant.

Item sil fermier vendia penhora per razo de la garda que montes o tral pretz de la pena que deuria levar que en continent le mays valent aia a rendre en aquel o en aquela de qui seria hahuda la penhora.

Item quel fermier done e sia tengutz de donar a la garda o al bandier la tersa part de la pena de tot home e de tota femna e de tot bestiar que aia atrobat mal fazen.

Item quel fermier sia tengutz a donar al juratz aquo quels senhors cossols ne adordenaran daquelas causas que atrobaran mal fazen.

Item si degun hom o femna per si o per son bestiar era atrobatz mal fazen per garda o per jurat es alleguaua o fassa questieu que no degues o no fos tengutz de pagar la pena desus dita quels senhors cossols aquesta declaratieu assi arremenero e tot aquo que aprop per els scra adordenat e declarat quel fermier tot aquo aia a tenir.

Item quel fermier aia a levar las penas dels femoriers segones en aquela maniera que seran ordenadas per les senhors cossols.

Item que tot home que compre la ferma de la garda que en continent que comprada l'aura per qual que pretz que sia que pague le quint daquel pretz e l'autre quint a Pascha e l'autre quint a Sant-John e l'autre quint a Sant-Miquel e l'autre quint a Sant-Andrieu.

Prestantes dei consules et per aliqua statuta vel estitutiones aut ordinationes factis vel faciendis ratione privilegiorum consulatus per dicti non intendunt in aliquo puncto suorum

2

privilegioriis excedere formam per aplicando deo consulatui
aliquid juris aliem in fraudem vel usurpationes presertim juris
domini nostri regis nec altius cujuscumque et si per tempore
apperet vel apparere possit in aliquo formam dictorum privilegiorum execisse id totum quicquid et volent per nostro facto
statuto vel ordinato perinde heri ac si numquam dictam fac-
tam estitutus vel ordinatus fuisset.

V.

Les Consuls de Limoux règlent les honoraires que les Crieurs
publics pourront réclamer pour les diverses publications qui
leur seront confiées.

Tota crida que cride in per la vila de Limos aia a portar
una veyria que tengua mieg quarto de vi e no pus, e quel vi
de la veyria sia sieus e mays un denier per son trebal.

Item si home o femna estranh o privat fazia cridar alcuna
causa que agues perduda, que aia a donar e pagar II deniers
a la crida per son trebal.

Item si home o femna estranh o privat fazia cridar oli, o
peys, o carn salada, o espleyta de vinha, o de camp, o d'autras causas semblant en aquestas que aian a donar e pagar II
deniers a la crida per son trebal.

Item tot home que fassa cridar ostals, o camps, o vinhas,
o totas autras possessios, sia tengutz de donar e de pagar per
cada crida que fara II deniers a la crida per son trebal; e si
aquela possessieu o possessieus que serian cridadas per la
crida, apparia ques vendesso al encant, que aia a pagar e
donar a la crida de tota la soma que la venda montara II deniers per lieura, e no re per las cridas.

Item tot home estranh o privat, que fassa cridar rendas per

la vila de Limos, sia tengutz de pagar a la crida, per cascuna veguada, vi deniers, e si apparia que aquelas rendas se vendesso al encant que aquel sendevengua am la crida.

Item tot home que compre la crida e l'encant aia tenir homes sufficientz que sapian trompar e cridar es encantar e que sian tals homes que sia segur aquo que hom lor comandara a la conoyssensa dels senhors Cossols de Limos.

Item tot home que compre la crida et l'encant aia a far cridar francament e quitia las cridas que pertanho a far a la cort de Limos de nostre Senhor le Rey de Fransa, amandament de mossenher le Viguier de Limos e dels autres curials en ayssi co es acostumat.

Item tot home que compre la crida e l'encant aia a far cridar totas cridas que pertanho a cridar a la cort de mossenhen John de Mezalan, senhor en partida de Limos, francament e quitia en ayssi co es acostumat.

Item tot home que compre la crida e l'encant aia a far cridar, es encantar totas las cridas et l'encant que pertanh a far a l'uffici del cossolat, francament e quitia.

Item que si venda era fayta de ostals o de possessius per maniera d'encant o am corratier o en autra maniera simplament, o quey covengues a requesta del comprador o de crezedors, o declaratio dels deniers per la cort am decredet de vige que de cascuna crida quen fara, aia vi deniers la crida per son trebal.

VI.

Les Consuls de Limoux fixent les droits que pourront réclamer, dans les Encans, les personnes chargées de ce genre de vente.

Tot home e tota femna estranh o privat que lieure alcuna causa mobla per encantar, deia donar e pagar de la causa que fara encantar meala del soutz entro a xx sols e de xx francs, no sia tengutz de pagar mays ii deniers, e de cada soutz que sera desus la lieura paguara meala entro que sia a compte de lieura e tota veguada que sia a compte de lieura, ii deniers.

Item tot home e tota femna estranh o privat que lieure causas moblas per vendre a l'encant, so es assaber tutors, es executors, curadors, o home que vulha vendre le sieu moble per pagar sos deutes, o per mudar aloyre, o si la cort fa executieu des bes daquel que sia quede tota la soma que montara de las causas que seran vendudas, aia a pagar a l'encantayre, per lieura, so es assaber ii deniers, e per le soutz meala que montara sobre las lieuras.

Item tot home e tota femna estranh o privat que lieure quantitat de blat o de vi a l'encantayre per encantar, aquela venda a sestiers o en autra maniera, que sia tengutz de pagar de tota la soma que tot le blat montara ii deniers per lieura e meala per le soultz que sera desus lieuras.

Item tot home e tota femna estranh o privat que lieure drap o draps de lana o de li a l'encantayre per encantar, es ven per cana o en autra maniera, sian tengutz de tota la soma quels draps se vendran, ii deniers per lieura e meala del franc segon que sera desus las lieuras.

Item tot home e tota femna estranh o privat que lieure per encantar lana filada o a filar, inja o lavada, anhis o autras dessendentz daquelas, en calque maniera que sian vendudas, sia tengutz de pagar a l'encantayre, de tota la soma ques vendran, ii deniers per lieura e mela per le franc que sera desus las lieuras.

Item tot home e tota femna estranh o privat que lieure per encantar cordo a boquinas pelisayrias cuers de bueus o de rossis o autras causas semblantz en aquelas que sian vendudas, sia tengutz de pagar a l'encantayre, de tota la soma ques vendran, ii deniers per lieura e per le franc meala que sera desus las lieuras.

Item tot sirvent estranh o privat que lieure penhora al encantayre, es ven que l'encantayre naia segon que desus es

adordenat, e si nos vendia que l'encantayre non aia mays ii
deniers per gardar e que sia tengutz de redre la penhora
quitia ambaquels ii deniers desus ditz.

Item que degun fermier ni encantayre no puesca comprar
ni far comprar, ni arremenar, ni aver companhia am degun
home ni femna que compres per lu deguna causa mobla ques
vendes a lencant en pena de v sols pagadors per le fermier
e per aquel que auria companhia am lu o compraria per lu.

Item si apparia alcuna causa escura del encant o de la crida
les senhors cossols ad els se reteno la declaratieu de aquelas
causas escuras.

Item tot home que compre lencant que tantot co comprat
laura per qualque prestz que sia que pague le quint daquel
prestz e l'autre quint a pascha e l'autre quint a Sant-John e
lautre quint a Sant-Miquel e lautre quint a Sant-Andrieu.

VII.

Les Consuls de Limoux règlent les droits que pourront réclamer
les Courtiers de commerce pour les ventes et les achats réalisés
par leur intermédiaire. Les Consuls règlent également la valeur
du poids pour chaque espèce de marchandise.

1308.

En l'an do Nostre Senhor m.ccc.viii. et iv ydus d'octobre,
totz aian conogut que maestre G. Camblieure, en B. de Cornanel, cosols de Limos, anhut am lors cosseladors cossel e
tractament de las causas dejos escritas de lors predessessors
Cosols de Limos, sa enreyre sobrel faytas, sobrel salari o
lamersz dels corratiers de Limos, quina causa e quant de las
causas dejos escritas per lors vendedors en la juradicio de
Limos, averdejo del vendedor engalment o del comprador

volgro, lauzero, ratiffiquero, es approvero e a len derrier establiro don en ayssi coma se sihec.

Primierament sobre las possessieus ols heretages dins la vila de Limos o deffors vendedoras per los corratiers, sobrel salari de lor amenero en tal maniera adordenar ; car si la vendicio aia estada de las possessios o de las causas autras no movablas per le prestz de cent sols de tornes e daqui ad en aval, quels corratiers deian aver per cascuna lieura ıı diners de tornes del vendedor et autres ıı diners del comprador; es si la vendicio aia estada fayta pel pretz de cent sols de tornes justa a cent libras en puian aio e verdeio per cascuna libra ı diner tornes del vendedor e autre des comprador. Si la vendicio aia estada fayta pel prestz de cent libras o daqui ad enant qunha que quantitat contengua aio le corratier del vendedor x sols, e del comprador a trestant e non daqui e nant.

Item dels draps e de las causas autras amenero en tal maniera adordenar, aysso es assaber que de cascun drap de Fransa o de Flandris, de qunha que valor que sia o de quna moyso a vendre per aquels corratiers, aio ıv diners del vendedor, e autres ıv diners tornes del comprador.

Item de cascun drap daquesta tira aysso es assaber de cascuna pessa entiera ıı diners del vendedor e autres ıı diners tornes del comprador.

Item de cascuna cargua de fustanis blans, vertz, barradels o negres, ıı sols del vendedor aion li avanditz e atrestant del comprador, e cascuna cargua dels fustanis deio contenir ʟxxx caps o daqui enant o de viro o de la micia cargua en laqual son xʟ caps o xxx, xıı diners del vendedor e del comprador a trestant, o si la dita cargua non aia estat de xxx caps o daqui enant aio de cascun cap meala del comprador e a trestant del vendedor.

Item dels fustanis am veta de ceda de cascun cap ı diner del vendedor es autre diner del comprador.

Item dels draps, del li, de telas, d'estopaces e de trelis, de cascuna pessa ı diner del comprador et autre diner del vendedor.

Item de lanas danhels, lavatz, filatz o no filatz, que sian vendudas a la cargua de cascun quintal, iv diniers torneses del comprador es autres iv diniers del vendedor; de mieg quintal ii diniers e donan en ayssi segon mays e mens en puian o en dessenden.

Item de las pels aninas e de las surjas et borra que sian vendudas a la cargua de cascun quintal, dous diniers tornes del comprador, e autres dous diniers del vendedor, e donan en ayssi en puian o en devalan, segon mays o mens.

AYSO ES DE AVER DE PES.

Sobre aver de pes en qual maniera ordenero, aysso es as-saber de saffra, de canela, et de giroffle, et de ceda, cascuna libra de deniers un, meala del vendedor es atrestant del comprador.

Item de cascun quintal de pebre e de gingebre, dendi, de brazil e de cera, quoatre deniers del vendedor, e autres quoatre diniers tornes del comprador.

Item de cascun autre aver de pes; de mersayria estiers las causas davant ditas de cascuna cargua quoatre diniers del vendedor e del comprador atrestant meteys.

Item de cascun quintal de ceba e de say, de fromages, d'amelhas, de roia, d'alum, de comval, pastel, de ris, de fi-guas, de rasims, de avellanas, de carbe filat o no filat, de cordam e de autras causas an aquestas causas propdanament ditas dessemblant de cascun quintal, dos diniers del vende-dor es atrestant del comprador.

Item de cascun quintal de fer, o d'acier, o de coyre, o d'estanh, o de metal, dos diniers del comprador es atrestant del vendedor.

Item de cascun sestier d'oli, dos diniers del comprador e del vendedor autres dos diniers tornes.

Item de cascun quintal de cendres clavelladas e de cardos, un dinier, e de gauda del vendedor, un dinier, e del comprador atrestant meteys.

Item de cascun mueg de vi e de blat, lesquals per les

corratiers si son vendutz, aio quoatre diniers del vendedor,
es autres quoatre diniers tornes del comprador.

Item de cascun mueg de redor, tres diniers del comprador,
es autres tres diniers del vendedor.

Item de cordoa, e de boquinas, e de motoninas de cascuna
dozena meala de cascu del vendedor e del comprador.

Item dels cuers de bueus, e de cavals, e de cers, e de camels, e de ors ampel, de cascun fays, en que aia x cuers
paguara cascuna de las partz, quoatre diniers.

Item dels cuers del bueu, e de cavalinas, e de cers, e de
camels, e de ors adobatz, de cascun cuer valent quoatre sols
o mays que sia adobatz, paguara meala el vendedor el comprador, e de cuer apparelat ampel valent mens de quoatre
sols, paguara pogeza el vendedor e atrestant le comprador.

Item de cambi e de prest per les ditz corratiers celebrat e
celebrador si puia justa a c libras dotze diniers tornes del
prestan, e del malevant autres dotze diniers del recebent de
ʟ libras, e de sis diniers de cascu c en ayssi puian e descenden, segon mays e mens al for de c libras als corratiers sia
paguat.

Item sobre la pelissayria ayso es assaber de cascuna pena
e garnacha d'anhels, de conils, pagua meala el comprador e
autra meala le vendedor.

Item del cent vestit d'anhels, d'esquirols engratunatz dous
diniers, de conils, de lebres engratunatz dous diniers de cascu
del comprador e del vendedor.

Item de cascuna dotzena de volps, de faynas, de martres,
e de las ge e d'autre coyram salvage un dinier del vendedor
e autre del comprador.

Item de las pels de dux de cascuna lieura de deniers meala
de cascu del comprador e del vendedor.

Item de cascuna pena de vayrs vi diniers del vendedor, es
atrestant del comprador.

Item de cascuna garnacha de vayrs, pagua le vendedor tres
diniers, es autres tres diniers del comprador.

Item de las bestias vendedoyras de non aytant coma es

adordenat, ayso es assaber de cascuna bestia cavalina o mular venduda justa x libras, o daqui en aval dotze diniers del comprador, et dotze diniers del vendedor, e de la bestia davandita x libras justa a xx libras, paguara dous sols le vendedor, es autres dous sols le comprador.

Item de las desus ditas bestias mulars o cavalinas que sia venduda xx libras justa a L libras o mays de quina cantitat que sia endeveguda de cascu comprador o vendedor, pague v sols de tornes e non pus.

Item de cascun aze, o bueu, o yacha, paguara quoatre diniers le comprador, es autres quoatre diniers del vendedor.

Item de penches que sian vendudas de la cantitat de dous sols justa a cinq sols den pagar un meala le vendedor es autra meala le comprador, et de v sols entro a x sols deu paguar un dinier cascu.

Item de x sols justa a xx sols dous diniers e de mays e mays en puian de cascuna lieura dous diniers de cascu del comprador e del vendedor, e de vezen segon mays e segon mens.

Item de las carguas e dels trossels que se son aportatz effransa e en campanha es entra tira aia le corratier de las aventuras de cascuna cargua o trossel, vi diniers tornes.

Item daquelas carguas o trossels que son portatz a Monpeylier, es ap Pezenas o els autres locsz d'aquesta puensa de cascuna cargua o trossel, haia dous diniers tornes e non pus.

Acta fuerunt hec in testimonio Pagani de Putheo, Bernardi Asterii, Michaelis Elye, Bernardi Usanini, Petri Ar. Caval, Raymondi Miri, Guiraudi Furnerii, Arnaudi Embrini Junioris, Michaelis Sartoris, Bernardi de Bosco, Ramundi Adalberti, et plurimum aliorum.

Item que degun hostalier que tengua hostalayria, no auze usar de corratayria sus pena de fals.

Item ayso es la raso de las causas ques vendo a pes de laqual raso devo esser cadauna causa que de pes so. So es assaber que cera deu esser le quintal de ci libras e ffi, e deu si comtar e pagua per c libras.

Item deu esser le quintal del pebre de cɪ libras e ffi, e pagua a compte de c lieuras.

Item gingibre e canelha deu esser le quintal de cɪ libras e ffi, e pagua a compte de c lieuras.

Item girofle deu esser le quintal de cɪ libras e ffi, e pagua a compte de c lieuras.

Item saffra deu esser le quintal de cɪ libras e ffi, e pagua a compte de c lieuras.

Item grana o pols de grana deu esser le quintal de c e una lieura e ffi, e pagua a compte de c lieuras.

Item amellos deu esser le quintal de c e dos libras e ffi, e pagua a compte de c mens quoatre libras.

Item brasil e mundila de brasil deu esser le quintal de c e una, e pagua a compte de c libras.

Item figa melada deu esser le quintal de c e bouit libras e ffi, e pagua a compte de c mens quoatre libras.

Item rasim de melica deu esser le quintal de c e bouit libras e ffi, e paga a compte de c mens quoatre libras.

Item gra de pinhos se devo lieurar a c e dous libras e ffi, e pagua se a compte de c mens quoatre libras.

Item datil deu esser le quintal de c e una libras e ffi, e pagua a compte de c lieuras.

Item ris deu esser le quintal de c e quoatre libras e ffi, e paguo a compte de c mens quoatre lieuras.

Item de six de milgrana deu esser le quintal de c e bouit lieuras e ffi, e pagua a compte de c mens quoatre libras.

Item de regualecia deu esser le quintal de c e bouit libras e ffi, e pagua a compte de c mens quoatre libras.

Item de garroffa deu esser le quintal de c et bouit libras e ffi, e pagua a compte de c mens quoatre libras.

Item de farina de froment barutelada deu esser le quintal de c e una libras e ffi, e pagua per c librás.

Item de amido deu esser le quintal de c libras e pagua a compte de c libras.

Item endi deu esser le quintal de c e una libras e ffi, e pagua a compte de c libras.

Item mel deu esser le quintal de c e bouit libras e ffi, e pagua a compte de c mens quoatre libras.

Item alum deu esser le quintal de c e una libras e ffi, e pagua a compte de c libras.

Item de comi deu esser le quintal de c e bouit libras e ffi,
e pagua a compte de c mens quoatre libras.

Item de enis deu esser le quintal de c e quoatre libras e ffi,
e pagua a compte de c mens quoatre libras.

Item avelana deu esser le quintal de c e viii libras e ffi,
e pagua a compte de c mens iiii libras.

Item de cerezos deu esser le quintal de c e viii libras e ffi,
e pagua a compte de c mens iiii libras.

Item corda de carbe deu esser le quintal de c e viii libras
e ffi, e pagua a compte de c mens iiii libras.

Item coto a filar deu esser le quintal de c e ii libras e ffi, e
pagua a compte de c mens iiii lieuras.

Item coto filat deu esser le quintal de ci libras e pagua a
compte de c libras.

Item lana filada deu esser le quintal de c e ii libras e ffi,
e pagua a compte de c mens iiii libras.

Item lana lavada a filar deu esser le quintal de c e viii libras e ffi, e pagua a compte de c mens iiii libras.

Item fil de li e de carbe cru deu esser le quintal de c e viii
libras, e pagua a compte de c mens iiii libras.

Item fil de li e de carbe cueyt deu esser le quintal de c e
ii libras e ffi, e pagua a compte de c mens iiii libras.

Item fil de li e de carbe cueyt et tort deu esser le quintal
de c e i libras e ffi, e pagua a compte de c libras.

Item fil de stopa cueyt deu esser le quintal de c e ii libras
e ffi, e pagua a compte de c mens iiii libras.

Item carbe e li a filar deu esser le quintal de c e iiii libras
e ffi, e pagua a compte de c mens iiii libras.

Item carbe e li penchenat deu esser le quintal de c e viii
libras e ffi, e pagua a compte de c mens iiii libras.

Item fial de ferr deu esser le quintal de c e i libras e ffi,
e pagua a compte de c lieuras.

Item fil de lato deu esser le quintal de c e ɪ libras e ffi, e pagua a compte de c libras.

Item molfa deu esser le quintal de c e ɪɪɪ libras e ffi, e pagua a compte de c mens ɪɪɪɪ libras.

Item pluma deu esser le quintal de c e vɪɪɪ libras e ffi, e pagua a compte de c mens ɪɪɪɪ libras.

Item carn salada deu esser le quintal de c e vɪɪɪ libras e ffi, e pagua a compte de c mens ɪɪɪɪ libras.

Item peys salat deu esser le quintal de cvɪɪɪ libras e ffi, e pagua a compte de c mens ɪɪɪɪ libras.

Item say deu esser le quintal de c e vɪɪɪ libras e ffi, e pagua a compte de c mens ɪɪɪɪ libras.

Item ceu deu esser le quintal de c e vɪɪɪ libras e ffi, e pagua à compte de c mens ɪɪɪɪ libras.

Item de fromage deu esser le quintal de c e vɪɪɪ libras e ffi, e pagua a compte de c mens ɪɪɪɪ libras.

Item pastel deu esser le quintal de c e vɪɪɪ libras, e pagua a compte de c mens quoatre libras.

Item roia deu esser le quintal de c e vɪɪɪ libras e ffi, e pagua à compte de c mens quoatre libras.

Item gauda e genesto deu esser le quintal de cvɪɪɪ libras e ffi, e pagua a compte de c mens quoatre libras.

Item cendres clavelladas deu esser de c e xɪɪ libras e ffi, e pagua a compte de c mens quoatre libras.

Item de tira de cauquena deu esser le quintal de c e xɪɪ libras e ffi, e pagua a compte de c mens quoatre libras.

Item cardo deu esser le quintal de c e vɪɪɪ libras e ffi, e pagua a compte de c mens quoatre libras.

Item pegua deu esser le quintal de c e vɪɪɪ libras e ffi, e pagua a compte de c mens quoatre libras.

Item flor a caular deu esser le quintal de c e vɪɪɪ libras e ffi, et pagua de c mens quoatre libras.

Item rausa deu esser le quintal de c e bouit libras e ffi, e pagua a compte de c mens quoatre libras.

Item metal e coyre e plomb ad obrar deu esser le quintal de cv libras e ffi, e pagua a compte de c mens quoatre libras.

Item peyrosa deu esser le quintal de c e bouit libras e ffi, e pagua a compte de c mens quoatre tibras.

Item test bol deu esser le quintal de c e bouit libras e ffi, e pagua a'compte de c mens quoatre libras.

Item sotcel deu esser le quintal de c e bouit libras e ffi, e pagua a compte de c mens quoatre libras.

Item limatge deu esser le quintal de c e v libras e ffi, e pagua a compte de c mens quoatre libras.

Item oli deu esser le quintal de c e bouit libras e ffi, e pagua a compte de c mens quoatre libras.

Item veyres de mirals deu esser le quintal de c e v libras e ffi, e pagua a compte de c mens quoatre libras.

Item ferr ad obrar deu esser le quintal de c e bouit libras e ffi, e pagua a compte de c mens quoatre libras.

Item de aygua ros deu esser le quintal de c et uno libras e ffi, et pagua a compte de c libras.

Item coyre e metal obrat deu esser le quintal de c e dous libras e ffi, e pagua a compte de c libras.

Item candelas de ceu deu esser le quintal de c e dous libras e ffi, e pagua a compte de c mens quoatre libras.

Item ceda escarpa es de xvi onsas la libra.

Item ceda torta es de dotze onsas e mieia la lieura.

Item cordo adobat deu esser le quintal de ci libras e ffi, e pagua a compte de c libras.

Item succre e pa de succre e pols de succre deu esser le quintal de c e una libras e ffi, e pagua a compte de c libras.

Item gra de ceba deu esser le quintal de c e bouit libras e ffi, e pagua a compte de c mens quoatre libras.

Item gra de porr deu esser le quintal de c e bouit libras e ffi, e pagua a compte de c mens quoatre libras.

Item aygua cueyta deu esser le quintal de c e bouit libras e ffi, e pagua a compte de c mens quoatre libras. (1)

---

(1) La fin de ce règlement n'existe pas dans le manuscrit. Les pages, au nombre de quatre , sur lesquelles on l'avait écrit ont été détachées, et il n'a pas été possible de les retrouver dans les archives de l'hôtel-de-ville.

VIII.

Les Consuls de Limoux fixent le poids que les diverses qualités de pain mises en vente doivent avoir , selon le prix d'achat du froment.

———

Ayso es la forma cant deu pezar le pa ques ven en la vila de Limos segon le fur que costa le sestier , ordenat es establit per les senhors de cossols de la vila da Limos.

Item can le sestier del froment costa de compra dos sols es hom dona azaquel o adaquela quel vol pastar per far pa vendal dos sols per son maltrayt e per son guasanh.

Item le pa de la flor de un dinié deu pezar dos libras e mieia.

Item le pa ad un cors de un dinié deu pezar dos libras e mieia e v onsas.

Item le pa del rebort de un dinié deu pezar qoatre libras e mieia.

Item le pa de la raho maytadenc de un dinié deu pezar qoatre libras e mieia.

Item can le sestier del froment costa III sols hom dona entre gassanh el maltrayt dos sols; le pa de la flor de un dinié deu pezar dous libras.

Item le pa de un dinié ad un cors deu pezar dos libras e un qoarto.

Item le pa del rebort de un dinié deu pezar tres libras e mieia.

Item le pa de la raho maytadench de I dinié deu pezar III libras e mieia.

Item can le sestier del froment costa IIII sols hom dona entre guazanh e maltrayt II sols.

Item le pa de la flor deu pezar VI cartos e III onsas.

Item le pa ad I cors de I dinié deu pezar VII cartos e II onsas e mieia.

Item le pa del rebort de ɪ dinié deu pezar ɪɪɪ libras.

Item le pa de la raho maytadench deu pezar ɪɪɪ libras.

Item can froment costa v sols le sestier hom dona entre maltrayt e guazanh a la flequiera ɪɪ sols.

Item le pa de la flor de ɪ dinié deu pezar v cartos e ɪɪ onsas e mieia.

Item le pa ad ɪ cors de ɪ dinié deu pezar ɪ libra e mieia e ɪɪ onsas.

Item le pa del rebort de ɪ dinié deu pezar ɪɪ libras e mieia.

Item le pa de la raho maytadench de ɪ dinié deu pezar ɪɪ libras e mieia.

Item can le froment costa vɪ sols le sestier hom dona entre guasanh e maltrayt ɪɪ sols.

Item le pa de la flor de ɪ dinié deu pezar ɪ libra e ɪ carto.

Item le pa ad ɪ cors de ɪ dinié deu pezar ɪ libra e ɪ quarto e ɪɪ onsas e mieia.

Item le pa del rebort de ɪ dinié deu pezar ɪɪ libras e ɪ carto.

Item le pa de la raho maytadench de ɪ dinié deu pezar ɪɪ libras et ɪ carto.

Item can le froment costa vɪɪ sols le sestier hom dona entre gasanh e maltrayt ɪɪ sols.

Item le pa de la flor de ɪ dinié deu pezar ɪ libra e ɪ quarto.

Item le pa del rebort de ɪ dinié deu pezar ɪɪ libras.

Item le pa de la raho maytadench de ɪ dinié deu pezar ɪɪ libras.

Item can le sestier del froment costa vɪɪɪ sols hom dona entre guazanh e maltrayt ɪɪ sols.

Item le pa ad ɪ cors de ɪ dinié deu pezar ɪ libra e ɪɪ onsas.

Item le pa de la flor de ɪ dinié deu pezar ɪ libra.

Item le pa del rebort de ɪ dinié deu pezar ɪ libra e ɪɪɪ cartos.

Item le pa de la raho maytadench de ɪ dinié deu pezar ɪ libra e ɪɪɪ cartos.

Item can le sestier del froment costa ɪx sols hom dona entre guazan e maltrayt ɪɪ sols.

Item le pa de la flor de ɪ dinié deu pezar mieia libra e vɪ onsas e mieia.

Item le pa ad ɪ cors de ɪ dinié deu pezar ɪ libra e mieia onsa.

Item le pa del rebort de ɪ dinié deu pezar ɪ libra e mieia onsa.

Item le pa de la raho maytadench de ɪ dinié deu pezar ɪ libra e mieia e ɪ onsa.

Item can le sestier del froment val x sols hom dona entre gaszanh e maltrayt ɪɪ sols.

Item le pa de la flor de ɪ dinié deu pezar ɪɪɪ cartos e ɪ onsa.

Item le pa ad' ɪ cors de ɪ dinié deu pezar ɪɪɪ cartos e ɪɪɪ onsas.

Item le pa del rebort de ɪ dinié deu pezar ɪ libra e mieia.

Item le pa de la raho maytadench de ɪ dinié deu pezar ɪ libra e mieia.

Item can le sestier del froment val xɪ sols hom dona entre maltrayt e guazanh ɪɪ sols.

Item le pa de la flor de ɪ dinié deu pezar ɪɪɪ cartos.

Item le pa ad ɪ cors de ɪ dinié deu pezar ɪɪɪ cartos e mieg.

Item le pa del rebort de ɪ dinié deu pezar v cartos e mieg.

Item le pa de la raho maytadench de ɪ dinié deu pezar v cartos e mieg.

Item can le sestier del froment val xɪɪ sols hom dona entre maltrayt e guazanh ɪɪ sols tornes.

Item le pa de la flor de un dinié deu pezar dos cartos e tres onsas.

Item le pa ad cors de un dinié deu pezar tres cartos.

Item le pa del rebort de un dinié deu pezar v cartos.

Item le pa de la raho maytadench de un dinié deu pezar v cartos.

Item can le sestier del froment costa tretze sols hom dona entre gaszanh e maltrayt dos sols.

Item le pa de la flor de un dinié deu pezar dos cartos e dos onsas e mieia.

Item le pa ad un cors de un dinié deu pezar dos cartos e tres onsas e mieia.

Item le pa de rebort de un dinié deu pezar quoatre cartos e dos onsas.

Item le pa de la raho maytadench de un dinié deu pezar quoatre cartos e dos onsas.

Item can le sestier del froment val quatorze sols hom dona entre gazand e maltrayt dos sols.

Item le pa de la flor de un dinié deu pezar dos cartos e dos onsas.

Item le pa ad i cors de un dinié deu pezar ii cartos e iii onsas.

Item le pa del rebort de un dinié deu pezar quoatre cartos e dos onsas.

Item le pa de la raho maytadench de un dinié deu pezar quoatre cartos e dos onsas.

Item can froment costa xv sols le sestier hom dona entre el maltrayt el gazanh dos sols.

Item le pa de la flor de un dinié deu pezar dos cartos e un onsa e mieia.

Item le pa ad un cors de un dinié deu pezar dos cartos e dos onsas e mieia.

Item le pa del rebort de un dinié deu pezar tres cartos e tres onsas.

Item le pa de la raho maytadench de un dinié deu pezar tres cartos et tres onsas.

Item can le sestier del froment val xvi sols hom dona entre gazanh el maltrayt dos sols.

Item le pa de la flor de un dinié deu pezar dos cartos e un onsa.

Item le pa ad un cors de un dinié deu pezar dos cartos e dos onsas.

Item le pa del rebort de un dinié deu pezar tres cartos e dos onsas.

Item le pa de la raho maytadench de un dinié deu pezar tres cartos e dos onsas.

Item can le sestier del froment val xvii sols hom dona entre gazanh e maltrayt dos sols.

Item le pa de la flor de un dinié deu pezar dos cartos e mieia onsa.

Item le pa ad un cors de un dinié deu pezar dos cartos e dos onsas.

Item le pa del rebort de un dinié deu pezar tres cartos e dos onsas.

Item le pa de la raho maytadench de un dinié deu pezar tres cartos e dos onsas.

Item can le sestier del froment costa xviii sols hom dona entre maltrayt e guazanh dos sols.

Item le pa de la flor de un dinié deu pezar dos cartos e mieia onsa.

Item le pa ad un cors de un dinié deu pezar dos cartos e un onsa e mieia.

Item le pa del rebort de un dinié deu pezar tres cartos e un onsa.

Item le pa de la raho maytadench de un dinié deu pezar tres cartos e un onsa.

Item can le sestier del froment costa xviiii sols hom dona entre guazanh el maltrayt dos sols.

Item le pa de la flor de un dinié deu pezar dos cartos.

Item le pa ad un cors de un dinié deu pezar dos cartos e un onsa.

Item le pa del rebort de un dinié deu pezar tres cartos e dos onsas.

Item le pa de la raho de un dinié deu pezar tres cartos e dos onsas.

Item es en aquest pes desus dit deu hom tolre de la foguassa de un dinié un onsa per la oliva quen catz.

Item et al sestier del froment a c libras de flor de froment de pa cueyt, e del rebort xxxv libras de pa cueyt.

IX.

Les Consuls de Limoux règlent diverses matières de police rurale et fixent les peines qui seront applicables aux contrevenants.

— 1453. —

Ae intar per temps a venir semblantz o majors damnages faytz e donats per temps passat per diversas personas e per autres tenentz bestiars en le possessori e autres totz portantz fruytz dins la vila e termenals de Limos per losquals damnages le pocessori es derruit e deservit, e per la desertacio daquels cesses tasquas pertios forescapis e autres dreyts apertenents al Rey nostre senhor son grandement demenuyts e als habitants de la dita vila tenents le dit pocessori grans damnages son estatz donats e per so son estadas faytas las presentz ordonansas per los honorables senors cossols de la dita vila e universitat de Limos de volontat e consentiment de la major e plus sana partida dels habitants e manentz de aquella per la utilitat et observatio dels dreyts del Rey nostre senhor et dels habitants de la dita vila e per la utilitat de la causa publica; protestan totas vetz los ditz cossols e autres habitantz e singulars de la dita vila de Limos que per las presentz ordenansas no entenden en deguna maniera excedir la forma dels privileges, uses e costumas de la dita vila per aplicar al cossolat en usurpatio o frau del Rey nostre senhor; E si apparia aver excedir la forma desus dita tot aquo revocan e volen que sia per non fayt e per non statuit e ordonat; las quals ordonansas foren faytas a tretze del mes de febrier l'an milo quatre centz sinquanta e tres estantz cossols los honorables senhors moss. Vernat de Cazanova, M. Jamme Miquel, B. Peyre Vidal, B. Jamme Calmont, B. Phelix Dotra e M. Peyre Richart.

E premierement que les senhors cossols de la dita vila que son per lo present, duran la administratio de lor cosolat, e aquells que seran per temps endevenidor dins le mes de jevier o autrement al plus tost que poyran faran apellar tota persona tenent bestiar dins la dita vila e termenals de Limos lanut cabri porqui o autre si a ells es vist fazedor a cort jorn per davant ells comparir per far les limitations e divisions dels termenals e pasquius de la dita vila e le jorn asignat comparentz o no comparentz talas personas tenentz bestiars los ditz cossols diviseran e limitaran les termenals e pasquius entre les tenentz tals bestiars, e fayta la dita divisio o faran notificar a cascun tenent bestiar lo termenal a ell assignat e o faran cridar, publicar am votz de trompa per les cantos acostumatz las divisios e limitacios dels ditz termenals e pasquius.

Item que tota persona que tengue o tendra bestiar lanut, cabri, porqui, o autre, sara tenguda de far paysser son bestiar en lo termenal a tala persona assignat; e si fa lo contrari, encorrera la pena per cascun jorn de LX sols torneses, e de nueyt le doble, aplicadora al Rey nostre senhor per la maytat e per lautre maytat a la causa publica del dit cossolat, salvant lo dreyt del revelant en la tersa part, sino que sos per esculhampament o per pera fayta o anan o venent, salvant lo dreyt de la tala en aquelh que sera donada.

Item que si se endevenia le cas que algun bestiar lanut endevengues malaute les ditz cossols aprop la requisitio a elhs fayta dedins sieys dias assiguaran a aytal bestiar, alcun termenal e se servira per lo notari del cossolat lan e le jorn am testemonis que tal termenal novellement sera assignat a tal bestiar malaute.

Item que negun home o femna no tenga ny meta son bestiar lanut porqui o autre dins vinhas, malhols, e camps semenatz, olivedas, ortz, clausas, ny en autres lotz en que aia ortalicia, legums, o aybres portantz fruytz o autres lotz en que donen dampnage dins la vila o termenals de Limos per causa de payser passar o demorar de jorn o de nueyt en degun temps de lan sia diver, destin, prima vera, o autumpne ; e si fa le contrari encorrera la pena de LX sols torneses per cascun jorn e per cascuna nueyt lo doble aplicadora e paga-dora coma dessus exceptat que si era aytal bestiar perdut o estapat en aquelh cas no pagara si no la tala si fayta era.

Item que neguna persona major de detz ans no aia a intrar o passar a cavalh o a pe dins camps semenatz, ortz, clausas, vinhas, malhols o autres locz en que aia fruytz am cas o sens cas per lo qual intrament o passament pogues o puesca talar o donar dampnage ny per causa de pendre resims ni autres frutas, vizas, lenhas, ramas, cauls, ortalicias, legums, ay-bres, rabassas herbas agrasses redors o autras causas en las ditas possessions estantz sens licencia daquelh de qui sera o tendra la dita possessio de laqual licencia covendra que ap-paria esser precedent per lo sagrement de aquell de qui sera o tendra tala pocessio e si fa lo contrari encorrera la pena de XX sols torneses aplicadora e pagador coma desus e non re mens sera tengut la tala si fayta ny a pagar salvant lo dreyt e servitut de passar si ny a.

Item que les bandiers gardas messegies e sirventz del dit cossolat poran per auctoritat de lor offici penhorar totas per-sonas e bestiars malfazentz e penre o ostar totas causas presas o furtadas e talas causas furtadas e penhoras o animals preses menaran o portaran al cossolat e los ditz cossols no rendran talas penhoras o animals an aquells de qui seran si no que lo dampnage donat sia satisfayt en aquelh a qui sera donat si no que aytal persona penhorada se sotzmeta e se vuelha sotz-metre a la gracia e misicordia de la cort dels ditz senhors de cossols.

Item que neguna persona no aia a tenir bestiar capri dins la vila o termenals de Limos sus la pena de LX sols torneses per cascun jorn e le doble de nueyt si no que sos per causa de vendre al mazelh de la cabrayria de Limos e en aquelh cas tala persona scia tenguda de demandar als ditz senhors cos-sols termenal competent e separat del possessori en que no puescan donar dampnage; si no que tala persona tengues cabra o cabras femellas per alaytar enfans o malautes e en aquell cas sera tenguda tala persona de tenir tala cabra o cabras estacadas am cordas talament que no donen dampnage e si lo donan per colpa o negligencia daquelh que las tendra pagara la tala que aura fayta anaquel que sera donada la dita tala e encorrera la pena de sinc sols torneses aplicadora al dit cossolat salvant lo dreyt del revelant coma dessus.

Item que cascun an les cossols ordonaran lors bandiers, guardas o messegiers tres o quatre o plus si mestiez es bos e sufficientz juxta lor possibilitat per gardar e defensar la dit possessori frutz e autras causas dessus ditas dins la vila e termenals de Limos al millor profieyt que far se poyra e nonremens constituiran hun o trops jurats tantz quantz als ditz cossols sera avist per major observatio de las causas e ordenansas dessus ditas.

Item que deguna persona o enfant major de detz ans no auze intrar en ortz o autres lotz clauses am contra clau o per paretz; o autrement sens licencia daquelh de qui sia sus la pena de xx sols torneses pagadora e aplicadora coma dessus e tota persona o enfant major de detz ans que cossentira o amdara en las causas dessus ditas encorrera la pena dessus dita de xx sols torneses.

Item si tala persona o enfant no a bes per pagar la dita pena e la tala que aura fayta o que lors parentz o maestres o autres no o volguessen pagar per elhs que puescan esser preses per los serventz guardas o messagies dessus ditz per les menar al dit cossolat per les far estar en los ceps de la vila en la plassa o al cossolat a la conexensa e determenacio dels ditz senhors de cossols segons que a elhs sera avist.

Item que degun podayre, vendemiayre, eysermentayra o autra persona de qum estat o condicio que sia no aia pendre ny portar vizes, rabassas, lenhas, resims, garbas de qum blat que sia o autras causas estantz en las pocessios en que obraran sus la pena de detz sols torneses aplicadora e pagadora coma dessus.

Item que deguna persona stranha que no sia habitant de la vila de Limos, no auze tenir o metre bestiar dins la vila

de Limos , o termenals daquelha , per causa de paysser , o
per noctar sus la pena de LX sols torneses aplicadora e pagadora coma dessus e de pagar la tala que fayta aura si no que
fos bestiar que laures o vengues per laurar en loqual cas
puesca payser sens donar dampnage ny tala e si ne dona que
paga la tala e la pena de XX sols torneses.

Item que tot noyridor o autra persona que tengua bestiar
lanut capri o porqui dins la vila de Limos que lo aia metre e
enclaure dins la vila de bona hora , almens al plus tart a la
hora de la AVE MARIA appres completas am intimacio que si
las portas de la vila son tanquadas no se obriran per intrar lo
dit bestiar.

Item que negun bandier jurat sirvent o messagier del dit cossolat no aia a far negun acordi composicio o finansa am deguna
persona per deguna causa que sia que venga o sia trobada
colpable contra las presentz ordenansas e que no sia ny aia
major auctoritat ny licencia de pendre frutas ny autras causas
contengudas en las presentz articles mays que hun autra sin-
gular de la dita vila de Limos sus la pena de V sols torneses
aplicadora e pagadora coma dessus o de star als ceps del cossolat si no a bes per pagar la dita pena a conoysensa dels ditz
senhors de cossols tantas e quantas vegadas sera atrobat colpable.

Item que los cossols dessus ditz cascun an al pus tost que
poyran constituiran e ordenaran hun scindic o scindicz a pro-
seguir las causas en los presentz articles costituidas e ordona-
das e autras perclamacions e ordonansas faytas per los cossols
dessus ditz e ayso en nom de la universitat e de totz les singulars de Limos e de cascun daquells per demandar lo dreyt
de la dita vila e universitat tant al regart delas enco penas en-
corregudas quant del interesser et dampnage dels ditz singulars e lo dit scindic sera tengut de jurar en la creacio de son
offici en nom que dessus de comensar e demandar dedins
sieys jorns apres la denunciacio a elh fayta per davant les ditz
cossols las causas que se apertenen al dit son ofici e de las

quals los ditz cossols an conoysensa e ayso contra totas personas e aquelhas causas far finir segons sa possibilitat.

Item es estat ordonat e statuit que si entre lo som dit de
la vila guardas revelans sirvents messagiers o autres deman-
dans duna part am bautres personas contradizentz reas dautra
part questio debat o dubitacio se movia per obscuritat o per
dupte de occasio de las causas en las presentz ordenansas e
articles contengudas que lo dit debat obscuritat e dubte puescan los ditz cossols de Limos o dos daquelhs enterpretar e
declarar ayssi com a elhs sera avist.

Item que tota persona que tenga o mene cas fora les murs
per anar o passar dins les termenals del possessori de la vila
de Limos per gardar bestiar o cassar que del jorn de nostra
dona de mars entro a Sant-Luc les aian a tenir estacatz am
cordas talament que no puescan intrar ny donar dampnage en
vinhas ny en razims o autres frutz sus la pena de x sols torneses per cascun jorn e de xx sols torneses per la nueyt apli-
cadors coma dessus.

X.

Les Consuls de Limoux fixent la taxe qui devra être payée pour la
vérification et la marque de diverses mesures.

— 1454. —

Aysso son las ordonansas faytas per los honorables senhors
consols de la vila de Limos, en lan m. cccc. liiii. sus la taxa
del senhar e alyalar las mesuras e causas cum dejus sen sieg
del senhal de nostre senhor lo Rey e del senhal de la dita
vila de Limos.

Premieramen de una semal barralada pagaran de senhar
e alyalar......................... xv dines tornesiis.

Item de una cartiera pagaran de senha e alyalar xx denies tornesiis.

Item de una punhera pagaran de senhar e alyalar x dines tornesiis.

Item de mieia punhiera pagaran de senhar e alyalar x dines tornesiis.

Item de una mitgera de vi pagara de senhar e alyalar xv dines tornesiis.

Item de una mesura per mesurar lo vi de las tavernas pagaran de senhar e alyalar xv dines tornesiis.

Item de una emina per mesurar redor pagaran de senhar e alyalar......................... xv dines tornesiis.

Item deu tenir la eyminada redoriera tres cartieras de civada rasas aissi coma es stat vist a la eymina redoriera de Guiraut Rigaut, blanquie, que es ferrada et alialada.

XI.

Les Consuls de Limoux fixent la part que chaque section de leur ville doit payer dans les dépenses d'un intérêt commun.

Aysso declara en qual maniera les mandamens de la vila de Limos devo pagar cascu, per sa quota, a totas despessas e pagas lasquals se fan per la dita vila cominalment.

La Blanquayria paga a mieg tertz es a mieg cart per centanar, xxix libr. iii sols iiii din.

Le mandament de la Trinitat pagua per centanar, xvii libr. xi din.

Le mandament de la Tolzana pagua per centanar, xxi libr. i sol.

Le mandament de la Ffieyra pagua per centanar, xvii libr, iii sols.

Le mandament de la Glieyza pagua per centanar, xv libr. xi sols ix din.

Suma tot, cent libras.

SENTENCES CONSULAIRES

DE

LA VILLE DE LIMOUX.

I.

Les Consuls de Limoux demandent l'extradition d'un criminel des prisons de Carcassonne dans celles de leur ville, afin de lui faire subir un jugement.

— 1400. —

Anno dominice incarnationis, millesimo quadringentesimo, illustrissimo principe dómino Carolo, dei gracia rege Francie regnante, die martis intitulata decima octava mensis maii, noverint universi quod existens et personaliter constitutus infra concistorum Jaule regie Limosi, providus vir magister Bernardus Cavanaci, notarius regius, et in questatum curie domini senescalli Carcassone, exhibuit et presentavit venerabili judici, discreto viro domino Guillermo Textoris licentiato in decretis de Limoso; presentibus, ibidem honorabilibus viris Guillermo Suavis, Bernardo Propis et Folqueto Villefortis, consulibus de Limoso, una cum venerabili viro domino Jacobo Scaussonis licentiato in legibus, dictorum consulum assessore, quasdam patentes et apertas comissionum litteras eidem domino Guillermo Textoris, directas a nobili et potenti viro domino Petro de Mornayo, milite, domino de Feritate

Naberti, senescallo Carcassone et Bicterris domini nostri
Francie regis, emanar sigillo et judicature majoris ordinario
dicte senescallii absent a tergo earumdem, cum cera rubea ut
prima facie apparebat sigilla; quarum tenor sequitur sub hiis
verbis.

Petrus de Mornays miles, dominus de Feritate Naberti,
senescallus Carcassone et Bicterriis domini nostri Francie
regis, magistro Guillermo Textoris licentiato in decretis ville
Limosi salvum, cum per nos seu de vestro mandato nonnulle
informationes facte fuerunt contra Arnaldum de Alclaco dicte
ville Limosi et nonnullos suis complices, in defectu justicie
et alte pretextu quorundam criminum per ipsos et dictos suis
complices perpetratorum et comissorum in dicta villa Limosi,
deinde vero fuit captus ratione dictorum criminum et intrusus
infra jaulam regiam ville Limosi, quo capto et intruso modo
premisso ex certis de causis animum nostrum monentibus et
dictam curiam nostram civitatis Carcassone fuit adductus et
deinde folquetus villefortis conconsul dicte ville Limosi una
cum magistro Jacobo Sianssonis licentiato in legibus, consulum ville assessore, et advocato dictorum consulum, ad nos
seu dictam curiam nostram per premissis venerunt dicentes
et asserentes nomine dicte universitatis, et ipsi consules cum
eorum consilio de omnibus criminibus concessis et expetratis
infra dictam villam Limosi et ejus terminalia ex privilegis
auctoritate regia eis et dicte ville Limosi concessis, et ex an-
tiqua consuetudine et possessione erant sunt et fuerunt assis-
tentes et dixerunt in omnibus causis criminalibus viccario et
judici regiis dicte ville Limosi, de criminibus infra dictam villam Limosi et ejus per terminiis comissis possunt assistere
usque ad definitivam sentenciam exclusive et...... renunciato
et concluso in causa sentenciam definitam habent et possunt
profere. Propter quod superius nominati, nomine dictorum
consulum et universitatis predicte, nobis humiliter supplica-
runt quathenus dictum Arnaldum de Alclaco curie regio dicti
loci de Limoso remittere dignaremur pro debita justicia mi-
nistranda, ut assistere possint et valeant, et sentenciam difi-

nitivam proferre ut est dictum, prout atthenus in talibus est
fieri consuetum ut asseruerunt.

Nos per audita dicta supplicatione, nolentes dictis sup-
plicantibus aliqualiter premdicare in eorum dictis prethen-
sis, libertatibus, privilegiis et consuetudinibus, imo ipsos in
eorum juribus preservare, prout possumus et debemus, et
ideo super premissis deliberatione concilii per habita inter
alia cum nostro maturo consilio appunctamus et certis causis
certa promissa animum nostrum et dictam curiam nostram
moventibus, dictum Arnaldum de Alclaco fore ad dictam villam Limosi adducendum, pro..... libertatum et privilegiorum,
usuum dicte ville Limosi, suis tamen propriis sumptibus et
expensis, sub fida custodia, una cum informationibus jam
predictis, intraque jaulam regiam dicte ville Limosi introdu-
cendum, et in compedibus ferreis apponendum et ibidem in
dictis vinculis, dictam causam ducentes stantesque et mo-
rantes donec super dictis criminibus et excessibus debito modo
processum fuit contra ipsum, usque ad difinitivam sentenciam inclusive; ipso tamen audito in suis legictimis defensio-
nibus si quas habet, et donec aliud super premissis per vos
extiteris ordinatum rurcirca appunctat et comissa per nos jam
modo premisso per vos exequanda vobis de cujus peritia in-
dustria et leguallitate mera confidente.

In hac parte commitendo precipimus et mandamus quathenus exhibitis et vobis traditis dictis informationibus quas
magistrum Bernardum Cavanaci, notarium regium civitatis
Carcassone et inquestas curie nostre, tradi volumus et jube-
mus, et adducto dicto Arnaudo de Alclaco et modo prelibato
infra dictam jaulam regiam intruso et detenso modo debito
super predictis, cedatis et faciatis juxta juris formam et.....
prout superius est expressum usque ad difinitivam sentenciam exclusive; quem processum per vos fiendum super premissis, dictis consulibus tradi volumus, ut ad sentenciam
difinitivam super predictis, procedere valeant juxta juris formam, et ut acthenus ut dicunt est fieri consuetum; mandans
omnibus nobis subdictis non subdictis in juris subcidium re-

quirentes quathenus in premissis et circa premissa vobis pareant efficaciter et intendans cum effectu.

Datum Carcassone sub sigillo judicature majores, ordinario nostre Senescallie absente, die decima mensis madii, anno domini millesimo quadringentesimo. Et sic fieri mandata per Consulum et quas juncti nos necnon exhibuit et tradidit eis domino Guillermo quasdam informationes factas contra dictum Arnaldum de Alclaco, de Limoso, et nonnullos ejus complices de Limoso, de quibus in ipsis literis fit mentio; necnon etiam adduxit et infra dictam jaulam regiam Limosi Arnaldum de Alclaco supra dictum ibidem presentem in compedibus ferreis intrussum dicto domino comissario juxta formam et tenerem litterarum predictarum comissionis dicti domini Guillerminii, eidem domino Guillermo Textoris comissario relaxavit et se de dicto Arnaldo de Alclaco ibidem presente exhoneravit et dictum dominum Guillermum comissarium honeravit de quibus permissis omnibus et singulis dictus magister Bernardus Cavanaci, notarius. Pro jure regio peciit et requisivit sibi recipi publicum instrumentum per me notarium publicum infra cum memoratus vero dominus Guillermus Textoris commissarius in ipsis literis nominatis, receptis dictis literis et informationibus predictum magistrum Bernardum traditis et presentatis cum quanta potuit et debuit reverencia; receptis mandavit mihi notario publico infra scripto dictas litteras in sui et dictorum consulum ac assessoris ac testium infra presentia in somancio perlegi ad cujus mandatum feci quibus excertis et per eum ut dixit intellectis obtulit paratum mandatis dicti domini senescalli, reverenter obedivit et ad contenta indictis sue comissionis litteris et informationibus contra dictum Arnaldum de Alclaco juxta mandatis in ipsis litteris contentis procedere, ut melius poterit et ibidem juxta formam et tenorem dictarum litterarum dictum Arnaldum de Alclaco ibidem presentem, idem dominus Guillermus Textoris comissarius Guillermo Salamadi jaulario dicte jaule regie tradidit in custodia et mandavit eidem Vegore et auctoritate litterarum predictarum sue comissionis ut

ipsum Arnaldum bene et fideliter custodiat et sibi eumdem
Arnaldum de Alclaco restituat et representet totieus quoticus
mandabitur per dictum dominum comissarium sub pena quam
posset incorrere erga dominum nostrum Regem.

De quibus premissis omnibus universis et singulis idem dominus Guillermus Textoris comissarius supradictus peciit et
requisivit sibi recipi et reddi publicum instrumentum per me
notarium publicum infra scriptum, et etiam domini consules
superius nominati, una cum eorum assessore superius nomi-
nato, pecierunt eis nominis universitatis dicti loci de Limoso
recipi fierique et reddi publicum instrumentum per me notarium publicum infra scriptum.

Acta fuerunt hec anno die rege et regnante quibus supra,
in presentia et testimonio magistros bonis Gaytonis Johannis
Martini, notariorum; Johannis Stinti, scriptoris; Stephani
Brevii Servientis, regii de Limoso, et magistri Rogerii Boneti, de Piuciano, publici regia auctoritate, notarii Limosi
residentis qui requisitus de predictis, hanc cartam sive hoc
instrumentum recepit, vice cujus et mandato ego Bernardus
Apem, notarius de Villarzello, eamdem cartam scripsi, ego
itaque Rogerius Boneti, notarius ante dictus.

Dictorum dominorum consulum.

II.

Les Consuls de Limoux condamnent un criminel à la peine
capitale.

— 1515. —

Vist le proces et procedura per davant noutz faictz entre
le percurayre del Rey, substituit en la seda reala de Limos,
joinct ambel Johan Fornier jove de Puissa, per son interes

et domage, agens et accusans, d'una part; et tu Michel Barquedana als lo basco de Rintier Ren, accusat et deffendent, d'autra part; les cossols que son assi de present una an los prodomes assi assistens, tot daqui al nombre de vingt et cinq, en seguent la tenor de lor privalegie et en seguent la plus granda et sana opinion des dits prodomes, te condamna, a tu Barquedana, a donar et paguar le soma de dos cens liuras tornesas al dict Johan Fornier, et nonremens te condamna que per lo executor de alta justisa seras traict de la jaula, an la corda al colh, et menat per villa de Limos et far le torn de la dicta villa, a constinuar et menar al pillori de la plassa de la dicta villa de Limos, et aqui perdras lo pungh dreit et aprop perdras la testa de ton corps sus le dit pillori, et le dict pungh sera mes en ung pal davant le moli damont, de mossur de Narbona, appelhar lo moly Martelhent, delha ont as picquat lo dict Fornier; et la testa sera mesa en ung pal al camy que tira bays Carcassona et bays Flassa, endreict del dict moli, et ton corps sera portat pendre et penjat al as forquas de Tays de la dicta villa de Limos, et aytal lor sentencia diffinitiva, affin que sia exemple als autres; Monfaulco, Guiraud Assalhit, consol; Guilhem Faure, consol; Johan Tolza, consol, constat de prolationt dicte sentencie, R. Amiel, notar.

Lan mil cinq cens et quinze et le dimecres intitulat le vingt et huitiesme del mes de mars, la detrascripta sentencia es estada proferida per mossur viguier de Limos, dins las carces reals del dict Limos, presens lo percuraire del rey et lo detras nommat Barquedana, loqual Barquedana ausida lo tenor de aquelha se portet per appelhant; presens Marti Assermat, Georgi Thir et Johan Phelip ont de Dieu, Amiel Lauras, Thomas de Boniment del dict Limos, et de my Amiel, notar.

III.

Les Consuls de Limoux condamnent un criminel à la peine de la
torture.

— 1515. —

Lan mil cinq cens et quinze et lo divendres intitulat lo vingt
et septeme del mes de julhet, enviro quatre horas apres
miech jour, em la causa de monseigneur, procuraire del
rey en la seda real de Limos substituit, agent et accusant,
de una part, et Johan Grame, als Perdeguie, presonier detengut, dautra part, es estada proferida per monseigneur,
viguier real de Limos, dedins las dictas carces, assistens Sen
Peire Julia, Guillem Faure, companher dent, et Johan Tolza,
consols del dict Limos, presens lo dict percuraire del rey et
lo dict Grame de Paraula una ordenansa, de la quala la tenor
sen siec et es tala per deguie vete assi les messenhors de
consols, una am ses prodomes que son assi, en seguent
la major opinion daquels, te condamnan que tu seras torturat
et turmentat, afin que de ta bocqua propria sia dicta et manifestada la veritat.

Laquala proferida lo dict Grame se portet per apelhant,
al qual lo dict mossur Viguier va respondre, ieu no te ad-
mecti poinct ta apellation, sinon dautant que les mesenhors
als quals tu te es apelhat te la admetran. Le present responsa
per apostols deguts te conceden lo dict Grame ses apelhat
coma dessus al qual lo dict monseigneur Viguier ha respondut
coma dessus, en presencia de Peire Macharen, Johan Ros,
Johan Ulma, Johan Spert et de my notari dejos escript, scriva
del dict proces.

R. AMIEL, notar.

4

IV.

Les Consuls de Limoux condamnent un criminel à la peine du fouel.

— 1523. —

Vist le proces et procedura per davant nos faict entre le venerable home mossur le percuraire del rey, en la seda reala de Limos substituit, agen et accusan de una part, et tu Johan Sembergnas detengut en las carces reals del dict Limos, accusat et defendent, dautre part; les messenhors de cossols que son assi an les prodomes que son assi presens fins al nombre de vingt et cinq personages en seguent la tenor de lors privileges a els per le Rey nostre sobiran senhor concedit, te an codamnat et te condamnan que tu seras mes entre las mas del executor de alta justicia, et a chascun canto acoustumat de la dicta villa de Limos te seran donatz per lo dict executor quatre cops de foet, et te forabandissen de tota la viccaria et judicatura del dit Limos per tot temps et james te absolven a plus gran pena que poirias aver encorreguda. La quala sentencia te proferen en aquest escript sedent pro tribunali Pholanhon, cossol; Anthoni Assalhit, loctenent; Vidal Aroufat, consol; Mathieu Marti, consol; Johan Castanhe, consol.

Lan mil cinq cens et vingt et tres et le dimecres intitulat le quinzeme de abril, environ quatre horas apres miech jour, es estada proferida la sus dita sentencia difinitiva presen Anthoni Assalhit, loctenent de mossenor le juge real del dict Limos, presens lo dict percuraire del Rey et sembergnas; la quala proferida la dicta sentencia an acquesida en presentia de Johan Ros et Marir Raynaud, Johan Guiraud, sargeans del dict Limos, et de my R. Amiel, notar.

V.

Les Consuls de Limoux condament un criminel à la peine du bannissement.

— 1526. —

Vist le proces et procedura faicta entre le percurayre del Rei en la present seda substituit et Agnes, molher de Jaminc, barquier del loc de Sanct-Yllari, accusans de una part, et de tu Johan Comas als Layra de la villa de Limos, accusat, d'autra part; les messenhors de consols et les prodamps ayssi presens en nombre de vingt et cinq, en seguent la tenor de lors privileges et la major opinion del conseils, tan comdemp- nat a tu Comas et te condamnan que seras banit et te foraba- nisson de tota la present villa de Limos et de tota la viccaria et judicatura per tres ans; sive espazi daquels te absolvent a plus grand demanda et petition faicta tant per lo dict percu- raire que per la dicta Agnes; te fassen inhibition de deffensa que no te ajas atrobar en tota la viccaria et judicatura per lo dict temps de tres ans, sus la pena de estre pendut per la gorja.

Et aysso es la sentensa laquala te proferem per escript R. de Fonte, locmuten; Johan Lantars, consol; Peire Esteve, consol; Johan Boria, consol.

Lan mil cinq cens vingt et sieys et le doczieme jour del mes de jung, environ tres horas apres miech jour, es estada proferida la present sentencia difinitiva, per lo egrege homme monsenor Bernard de Lafont, doctor en leys, loctenent de mossur lo Viguier real du dict Limos, present lo dict mossur lo percurayre del Rey, et le dict Comas; laquala profferida a acquiescit Martini, notar.

VI.

Les Consuls de Limoux condamnent un criminel à une peine pécuniaire.

— 1525. —

Vist le proces entre le percurayre del Rey en la present seda instituit, accusant et demandant de una part, et de tu Noe Salvat, accusat et deffendent, dautra, per davant nos agitat et al cossel reportat los messenors de consols ayssi presens, una an sos prodomes totz en nombre de vingt et cinq, en seguent la tenor de lors privaleges, te an condamnat et te condamnam a tu Noe Salvat, en vers le Rey, de la soma de cinquanta soubz torneses et a tot le despens, te absolvent de plus grand pena et crim per tu comes en lo terminal de la villa de Limos.

Et asso es la sentencia que am baillada laquala te declaram et pronuncian en aquest escript. Anthoni Assailhit, loctenent; Simon Roger, consol; Peire Esteve, consol; Johan Lieutard, consol; Johan Boria ita est consol; Arnaud Gleysa, consol. Es estada donada la present sentencia dins las carces reals de Limos, per davant lo dit mossenor le loctenent de juge Assalhit, le XVII jour del mes de febrier, lan mil cinq cens vingt et cinq, contra lo dict Salvat. Martini, notar.

VII.

Les Consuls de Limonx condamnent un criminel à la peine de l'exposition sur la voie publique.

— 1526. —

Vist le proces et procedura entre lo percurayre del Rey ou son substitut, accusant, de una part, et de tu Bernard de

Sals, accusat, dautra part, et aquel en conseils reportar les consols que son assi presens, an los prodomes totz en nombre de vingt et cinq, en seguent lors preminensas, privaleges et libertatz de la villa de Limos, te an condamnat et te condamnan a tu Bernard, que dimars marquat de la present villa de Limos estaras al colha, davant la court reala de Limos, de onze horas de mati, jusquas a bespras enseguens.

Et asso es la sentensia laquala te proferem en aquest escript Bernardus de Valle, loctenens; Peire Esteva, ita est consol; Johan Boria, consol; ita est Johan Lentard, consol.

Es estada proferida la present sententia per lo dict monsenor le loctenent de la Val, dins las carces reals de la villa de Limos, le XII journ del mes d'octobre, l'an mil cinq cens vingt et sieys; Martini, notar.

VIII.

Les Consuls de Limoux condamnent un criminel à la peine de la torture par le billon.

— 1528. —

Vist le proces et procedura per davant nos faict, entre le percuraire del Rey ou son substituit, accusant d'una part, et de tu Bernard Gay, accusat et prevengut, d'autra, et le consel reportat, les consols que son assi, et les prodoms tots en nombre de vingt et cinq, en seguent la tenor de lors privileges, tan condamnat et te condamnan que seras mes et delivrat entre las mas de executor de la haulta justicia, loqual te baillara la tortura du billon tres cops a la camba esquerra, afin que la veritat sia conida et manifestada de ta boqua del crim del rapte que lo dict percurayre ta impauzat; et asso es la sentencia laqual a nos te prononcian et declaram en aquest escript, **B.** Senerin ut scindicus relator, Arnauld de Vinens, consol; la marqua de Amiel Vidal, consol; Frances Anelha, consol.

Es estada proferida la present sentencia per lo egrege home monsenor Bernard de la Font, lieutenent de monsenor le viguier del dict Limos, dins las carces reals del dit Limos, le XIXe jour del mes de jung, l'an mil cinq cens vingt veyt; Martini, notar.

IX.

Les Cònsuls de Limoux condamnent un criminel à la peine du Fouet.

— 1530. —

Vist le proces et procedura per davant nos faict, entre le percurayre del Rey en la present seda substituit, agent et accusant, d'una part, et tu Jacques Gilbert, presonier detengut en las presens carces ren, deffendent et accusat, d'autra part; les messenhors de consols am les prodomes que son assi presens fins al nombre de vingt et cinq, en seguent la tenor de lors privaleges per le Rey, nostre sobiran senhor a els concedits; te an condamnat et condamnan juxta la opinion plus granda et sana, que tu seras mes entre las mas del executor de alta justicia am loqual faras lo torn acoustumat de la present villa de Limos, et a chascun canton acoustumat de la dicta villa te seran donats quatre cops de foct fins a la sanc exclusivament, et t'an bannit et banissen a perpetuité de tota la viguaria et judicatura de la present villa de Limos, afin que a d'autres sia exemple; a las autras cocensions per lo dict percurayre demandadas te absolvem; et aytal es nostra sentencia difinitiva, laquala abem proferida en aquest escript. J. de Maslaurens, locmutenens; B. Senerin, relator; B. de Vernet, consul; Guilhem Assermat, consol.

L'an mil cinq cens et trenta et lo dimars quinzième de novembre, le present sentencia estada per mestre Johan de Maslaurens, en leys bachelier, loctenent de monsenor le juge real du dit Limos; presens les dits percuraire del Rey et Gil-

bert, a laquala an acquescit, presens et testimonis mestre
Guyot Montagne, notari; Anthoni Soquet, Arnaul, baille,
et Bertrand de la Font, sergeans reals del dict Limos, et de
my R. Amiel, notar.

X.

**Les Consuls de Limoux condament un criminel à la peine de
la Torture.**

— 1528. —

Vist les proces et procedura per davant nous faict, entre
le venerable home mossur le percuraire del Rey en la seda
real de Limos, substituit, agen et accusant, d'una part, et tu
Guilhem Johan dict lo Barbier, prisonier, detengut ren, deffendent et accusat, d'autra part; les messenhors de consols
an les prodomps que son assi presens fins, al nombre de vingt
et cinq, ou la major partida daquels, en seguent la tenor de
lors privaleges a els per lo Rey nostre sobiran senhor conce-
ditz, te an condamnat et te condamnan que tu auras la geyna,
sive tortura de la scriveta an vinagre, laquala te sera baillada
per le executor de la hauta justicia tres beguadas, afin que la
veritat dels crims et mal fayts per tu commeses et perpetrats
de ta boqua sia dicta et manifestada; et aytal es nostra ordenansa laquala aven proferida en aquest escript et per tribu-
nal, presens P. Theutern, relator; B. de Fonte, locmutenens;
Arnauld de Vinens, consol; Frances Anelha, consol.

Proferida es estada la present sentencia per los de Fonte,
locmutent, dissapte sexime de jevier mil cinq cens vingt veyt,
presens los dicts percurayre et Jahan, presonier, laquala
proferida lo dict Johan se apelhec, li forec respondut coma se
conte al proces; present, Frances Vidal, als Sornia merchant;
Peire de la Loza, pinctre; Domenge Faure, Johan Massel,
Anthoni Boier, sargeans reals de Limos, et de my R. Amiel,
notar.

XI.

Les Consuls de Limoux condamment un criminel à la peine du Fouet.

— 1529. —

Vist le proces et procedura faictz per davant nous, entre le percurayre del Rey ou son subtituit, accusant, de una part, et de tu Jacques Bigot, pervengut et accusat, dautra, et aquel en conselh reportat, los presens consols et prodomps, tots en nombre de vingt et cinq, en enseguent la tenor de lors privaleges et costumas ancienas, te an condamnat et te condamnan a tu Jacques Bigot que seras mes entre las mas del executor de la haulta justicia et faras le torn acoustumat de la present villa de Limos et auras quatre cops de foet, a ung chascun canton acoustumat de la dicta villa, en te bannent et te forabanissent de tota la viguaria et judicatura del dit Limos perpetualament.

Et ayssi es la tenor de la present sentensa las causas et razons del dict proces resultantas, Arnaud de Vinens, consol; la marqua de Amiel Vidal, consol; la marqua de Phelip Carramat, consol; B. Senerin, relator; J. de Maslaurens, loctenent, es estada proferida la present sentencia per lo dict monsenor loctenent de Maslaurens dins las carces reals de la villa de Limos, le dezieme jour del mes de may, l'an mil cinq cens vingt et nau; Martini, notar.

XII.

Les Consuls de Limoux condamnent un criminel à la peine de la torture.

— 1530. —

Vist le proces et procedura per devant nos faict entre le percuraire del Rey en la seda reala de Limos substituit, agent et accusant d'una part, et tu Peire Andura presonier detengut ren, deffendent et accusat d'autra; les consols, ensemble les prodomes que son assi presens, en enseguent la deliberation de lor conseil et la major et sana opinion, te an condamnat et condamnen que tu seras jeynat afin que de ta bocqua la veritat dels crims per tu comezes et perpetrats sia dicta et manifestada.

Et aytal es lor ordenansa laquala am faicta proferir en aquest escript, S. de Chasteau, juge; Guillem Assermat, consol; Peire de la Borda, consol; donada estada la present ordenansa le divendres xviime jour del mes de mars l'an mil cinq cens et trente, dins las ditas carces, per davant lo dict monsenor le juge; assistens los dicts Assermat del Vernet; viguier, et de la borda consconsols, presens los dicts percuraire del Rey et Andura, presonier; de la quala lo dict Andura ses portat per apelhant, moi presant, A. Navarre, notar.

XIII.

Les Consuls de Limoux condamnent un criminel à la peine du fouet.

— 1530. —

Vist le proces et procedura per davant nos faict entre le venerable home monsenor le percurayre del Rey en la seda reala de Limos substituit, agent et accusant d'una part, et tu Peire de Vinssac, presonier detengut dins las presens carces ren, deffendent et accusat d'autra part; les messenors de consols, ensemble les prodomes que son assi fins al nombre de vingt et cinq, en enseguent la tenor de lors privaleges per le Rey nostre Sobiran senhor a els concedits, te an condamnat et te condamnan juxta la plus granda et sana opinion que tu seras mes entre las mas del executor de la haulta justitia am loqual faras lo torn acoustumat de la present villa de Limos et a chascun canton acoustumat de la dicta villa te seran donats

quatre cops de foet fins à la sang ; afin que a d'autres sia
exemple ; per la tenor de la presenta sentencia difinitiva F.
de Maslaurens, loctenent; B. de Vernet, consol; Guillem
Assermat, consol ; proferida es estada la present sentencia
difinitiva lo dimars quinzeme jour de novembre l'an mil cinq
cens et trenta, per mossenor mestre Johan de Malaurens,
loctenent de messenors les viguier et juge reals de Limos,
presens los dicts percurayre et de Vinssac; laquala proferida
no sen sont poinct appelhats, ams lan acquescida; presens
per testimonis mestre Guyot Montanhe, notari; Anthoni Socquet, Arnaud Boilhe, Bertrand de la Font, sargans reals de
Limos, et de my A. Navarre.

XIV.

**Les Consuls de Limoux condamnent un criminel à la peine du
fouet.**

— 1530. —

Vist le proces et procedura per davant nos faict entre le
percurayre del Rey en la seda real de Limos substituit, agent
et accusant d'una part, et tu Bertrand de Padern, presonier
detengut dins las presens carces ren, deffendent et accusat
d'autre part; les messenhors de consols, ensemble les prodomes que son assi fins al nombre de vingt et cinq, en enseguent la tenor de lors privaleges per lo Rey nostre sobiran
senhor a els concedits, te an condamnat et te condamnan
juxta la plus granda et sana opinion, que tu seras mes entre
las mas del executor de la hauta justissa an loqual faras lo
torn acoustumat de la present villa de Limos et à chascun
canton acoustumat de la dicta villa de Limos te seran donats
quatre cops de foet fins a la sang, afin que a d'autres sia
exemple. Per la tenor de la present sentencia difinitiva F. de
Maslaurens, loctenent ; B. de Vernet, conconsol, Guillem
Assermat, consol.

L'an mil cinq cens et trente et lo dimars quinzeme de novembre, es estada proferida la present sentencia per mousur mestre Johan de Maslaurens en leys bachelier, loctenent de messenors le viguier et juge reals del dict Limos, presens los dicts monsenor le percurayre del Rey et de Padern, presonier, laquala an acquiescida et non sen sont poinct appellats; presens per testimonis mestre Guyot Montanhe, notari; Anthoni Socquet, Arnaud Baille, Bertrand de la Font, sergeans reals del dict Limos et de my A. Navarre, notar.

XV.

Les Consuls de Limoux condamnent un criminel à la peine du fouet.

— 1530. —

Vist le proces et procedura per davant nos faict entre le venerable home monsenor le percuraire del Rey en la seda reala de Limos instituit, agent et accusant d'una part, et tu Peire de Talhon, presonier dins las ditas carces detengut ren, deffendent et accusat d'autra part; les messenhors de consols de Limos, ensemble les prodomes que son assi fins al nombre de vingt et cinq, en enseguent la tenor de lors privaleges per lo Rey nostre sobiran senhor a els concedits, te an condamnat et te condamnan juxta la plus granda et sana opinion que tu seras mes entre le executor de la haulta justicia, an loqual faras lo torn acoustumat de la present villa de Limos et a chascun canton acoustumat de la dicta villa te seran donats quatre cops de foet fins a la sang, afin que a d'autres sia exemple, per la tenor de la present sentencia diffinitiva, F. de Maslaurens, loctenent; B. de Vernet, conconsol; Guillem Assermat, conconsol.

Es estada proferida la present sentencia per monsenor mestre Johan de Maslaurens en leys bachelier, le dimars quinzeme de novembre, l'an mil cinq cens et trente; presens

los dicts percurayre del Rey et de Talhon, laquala proferida
no se son poinct appellas, ams lan acquescida; presens per
testimonis mestre Guiot Montanhe, notari; Anthoni Socquet,
Arnaud Baille, Bertrand de la Font, sergeans reals de Limos
et de my A. Navarre, notar.

XVI.

**Les Consuls de Limoux condamnent un criminel à la peine du
bannissement.**

— 1535. —

Veu le proces par devant nous, assistans honorables et
egreges personnes maistre Guillaumes de Podio, docteur en
lois; Pierre Avostenc, Pierre Sabatier et Anthoine Pegua,
conconsuls de la ville de Limous, en la court royalle de Limous,
introduits par voie de prévention et inqueste entre le procureur du Roi ou son substitut, an la dicte court, demandeur
en matiere d'exces, de una part, et toi Bertrand Preissac,
prevenu et deffendeur, d'aultre part; les dicts consuls ensemble vingt et cinq prodoms de la dicte ville de Limous
compensés au dict nombre; les dicts consuls et en suivant le
privaliege par le Roi notre seigneur ou ses predecesseurs,
aux manans et habitans de la dite ville de Limous, baillé et
concédé, et en suivant la plus saine et grande opinion d'iceux,
a toi Preissac te ont condamné et te condamnent estre bannit
a perpetuité de la viguarie et judicature de Limous, en te
faisant commandement, inhibition et deffense que dores en
avant non te tornes a la dite viguarie, sur la poine de alaor,
et te absolvent de toutes aultres conclusions et demandes par
le dict procureur contre toy prinses par la teneur de la present
sentence, B. Senerin, relator; J. de Maslaurens, loctenent;
G. de Podio, consul; Anthoni Pegua, cossol; Peire Auostenc,
cossol.

A esté proferéé la present sentence samedi vingtieme de novembre l'an mil cinq cens trente cinq; heure de tierce, assistans lesque dessus, presens maistre Bernard de Loncario, procureur substitué du Roi notre seigneur, et le dict Boire, lesquels ont acquiescé a la dicte sentence; presens per tesmoings maistre Jacques Gayraldi, notaire, et Anthoine Flassa du dict Limous habitans, et de moy A. Bonet, notaire.

XVII.

Les Consuls de Limoux condamnent un criminel à la peine du fouet.

— 1535. —

Veu le proces faict en la court royale de Limous, par davant nous, assistans honorables personnes, mestre Pierre Auostenc, Pierre Sabatier et Anthoine Pegua, conconsuls du dict Limous, par maniere de prévention, enqueste, entre le procureur du Roy ou son substitué en la dicte court, demandeur en matiere d'excès, de une part, et toy Guillaume Boyer, preveneu et deffendeur, d'autre part; en suivant le privaliege par le Roy notre seigneur ou ses predecesseurs, aux manans et habitans de la dite ville, baillé et concédé; les dicts consuls, ensemble vingt et cinq prodoms du dict Limous, compensés les dicts consuls au dict nombre, et en suivant la plus seine et grande opinion diceulx, te ont condamné et te condamnent estre mys entre les maings del executeur de justice, ont te faira faire le torn acoustumé per la ville du dict Limous, et a chacun canton acoustumé te donnera quatre cops de foet jusques a la saing, et te ont bannit et te bannissent de la dicte viguarie et judica ture du dict Limous, et te font commandement sur peine de alaor doresnavant ne te torner dins la dicte viguarie et te absolvent de toutes aultres concensions et demandes per le dict procureur contre toy prinses par la teneur de la present sentence. J. de Maslaurens, loctenent; G. de Podio, relator; Anthoni Pegua, consol; Peire Auostenc, consol.

A esté pronuncée la present sentence samedi vingtiesme de novembre l'an mil cinq cens trente cinq et assistans, lesque dessus, presens mestre Bernard de Loncario, procureur substitué du Roy nostre seigneur, et le dict Preyssac, lesquels ont acquiescé a la dite sentence ; presens per tesmoings maistre Jacques Gayral, notaire ; Anthoine Flassa du dict Limous habitans, et de moy A. Bonet, notaire.

XVIII.

Les Consuls de Limoux condamnent un criminel à la peine du bannissement.

— 1535. —

Veu le proces de prevention et enqueste faict par davant nous, assistans les honorables maistre Guillaume du Puy, docteur ; Pierre Auostenc, Anthoine Pegua et Pierre Sabatier, conconsuls de la villa de Limous, entre le procureur du Roy, substitué au siege du dict Limous, demandeur en cas de larrecin, d'une part, et toy Pierre Tornier, prisonier detenu aux carces royaulx du dict Limous, preveneu et accusé, d'aultre ; les consuls ensemble vingt cinq prodomes compoins en icelluy nombre, les dicts consuls, en en suivant les privilieges pour le Roy notre sobiran seigneur, et en en suyvant la plus saine opinion diceulx, te ont banny et bannissent a perpetuité de toute la viguarie et judicature de Limous et Razes, en toy faisant commandement que doresnavant tu ne te ayes à torner en la dicte viguarie et judicature du dict Limous, sur poine destre pendu et estranglé, te absolvant de toutes autres petitions et demandes par le dict procureur du Roi par la teneur de la present sentence. J. de Maslaurens, loctenent; B. Senerin, relator; G. de Podio, consul; Pierre Auostenc, consul; Anthoine Pegua, consul.

A esté proferée la present sentence le samedi vingtiesmè de novembre, l'an mil cinq cens trente cinq, assistans lesque dessus, preseñs maistre Bernard de Loncario, procureur substituit à Limous, lequel a acquiescé le dict jour; presens maistre Jacques Gayral, notaire, et Anthoine Flassa, du dict Limous, et de my.

XIX.

Les Consuls de Limoux condamnent un criminel à la peine du Carcan.

—

Veu le proces faict en la Court Royale de Limous par devant nous, assistans egrege et honorables personnes maistre Guillaume Pech, docteur es loys; Barthelemy Martin, Pierre Auostenc, Pierre Sabatier et Anthoine Peguar, consuls de Limous, par maniere de prevention, enqueste, entre le procureur du Roy ou son substitué en la dicte Court, demandeur en matiere d'excès, de une part; et toy Bernard Masieras, preveneu et deffendant, d'aultre part, en en suivant le privaliege par le Roi notre Sire ou ses prédécesseurs aux manans et habitans de la dicte ville du dict Limous, baillé et concedé, les dicts consuls ensemble vingt et cinq prodoms du dict Limous, compensés les dicts consuls au dict nombre, et en suivant la plus saine et grande opinion diceulx, te ont condamné et te condamnent estre mys le present jour au collar, la ont tu demeureras l'espasse de deux heures, et te ont banni et bannissent de la dite viguarie et judicature pour l'espace de deux ans, et te font commandement, sur poiné de alaor durant l'espasse des dicts deux ans, ne te torner dans la dicte viguarie, te absolvant de toutes aultres conclusions et demandes par le dict procureur contre toy preses, par la teneur de la présent sentence; G. de Podio, consul; Anthoni Pega, consul; Peire Auostenc, consul, Peire Sabatier, consul; J. Gallet, commissaire.

TABLEAU HISTORIQUE

DE

LA VILLE DE LIMOUX.

I.

ÉPOQUE ANTIQUE.

§ 1er — **Sous la domination Gauloise.** — (Des premiers temps
historiques de la Gaule à 118 ans avant J.-C.)

I. — De tous les peuples connus qui ont habité
les bords de l'Aude, le plus ancien portait le nom de
Celte (1). Ce peuple était originaire de l'Asie (2) et

---

(1) « Gallia est omnis divisa in tres partes; quorum unam
» incolunt Belgæ; aliam Aquitani; tertiamque ipsorum linguá
» Celtæ, nostrâ Galli appelantur.... Gallos ab Aquitanis Ga-
» rumna flumen, a Belgis matrona et sequana dividit. » (J.
Cesar, *Commentaires sur la Guerre des Gaules*, § 1.)

« On appelle Celtes les peuples qui habitent au-dessus de
» Marseille, dans l'intérieur du pays, près des Alpes et en
» deça des monts pyrénéens. » (Diodore de Sicile, *bibliothèque historique, livre 5, § 32.*)

5

Il est des faits qui prouvent que cette dernière tribu était d'origine Celtique (6), qu'elle avait contribué à peupler la ville de Narbonne (7), et qu'elle avait frappé des médailles dont la légende présentait le mot ATTA. (8) Il est aussi des faits qui semblent dire que le séjour des premiers Gaulois dans nos contrées a été de longue durée, et que la trace qu'ils y ont laissée n'est pas encore complétement effacée (9).

---

(6) Ces faits sont : 1° l'étymologie du mot Atax qui paraît être d'origine celtique et qui, d'après certains étymologistes, signifierait oiseau. (Astruc, *Mémoires sur le Languedoc*, p. 424. — Mary-Lafon, *Histoire du Midi de la France*, t. 1, p. 15.) — 2° l'existence de plusieurs mots Celtes dans la langue romane de nos contrées. (Mary-Lafon, *Tableau de la langue romano-provençale, p.* 22.)

(7) «Sed ante omnes Atacinorum, Decumanoum que colonia, » unde olim in iis terris auxilium fuit, nunc nomen et decus » est Marcius Narbo. » (P. Mela, *Description de la Terre*, *liv.* 2, *p.* 634.)

(8) « ATTA se présente constamment sur des pièces assez » fréquentes de différents poids et de nombreuses variétés, » ce qui prouve que l'atelier d'Atta fut très actif. Les deux » exemplaires..... confiés à nos études en donnent une idée » suffisante..... Les cavaliers des deux pièces sont des Gau- » lois armés de javelot, matera, montés sur différents che- » vaux....... Tout porte à croire que ces médailles sont des » Atacins. » (J. Lelewel, *Etudes numismatiques et archéo- logiques, t.* 1, *type gaulois ou celtique,* § 120, *p.* 279.)

(9) Ces faits sont : 1° l'existence de pierres réputées drui- diques, dans les environs de Limoux (à Arce, à Belcastel, à Pontils); 2° le nom de divinités celtiques resté attaché à des hameaux ou à des maisons rurales sur les montagnes les plus rapprochées de Limoux (Arce, Bacou, Veraza, Granes,

IV. — Les Atacins, comme toutes les tribus Celtiques, avaient une cité qui était dévenue le centre autour duquel ils s'étaient groupés après être arrivés au terme de leur émigration. Cette mère-patrie des Atacins était appelée Atax, ou bien Atace, et il est probable qu'elle avait donné son nom à la rivière d'Aude.

V. — Quelle était la position d'Atax ? Tout se réunit pour attester qu'il faut la chercher sur le sol qui supporte en ce moment la ville de Limoux. L'édification de cette ville sur les bords et vers les sources de l'Aude, la présence d'antiquités Gallo-romaines dans le sol sur lequel elle a été construite, l'origine moderne du nom qui sert à la désigner, et le nom qu'elle portait autrefois, resté attaché à une terre voisine des murs d'enceinte (TAX), tout cela indique clairement que le bourg Atax, dont on n'avait pas su retrouver la place, était édifié là où s'élève en ce moment la ville de Limoux (10).

Rennes ou Redde, Lunassel dans la vallée de Magrie); 3° des traditions qui ont un caractère druidique inhérentes encore à des fontaines peu éloignées de Limoux (las Encantados); 4° des coutumes pour les gains de survie pendant le mariage, analogues à celles qui étaient en usage dans la Gaule méridionale au moment où les Romains en firent la conquête; 5° la présence de médailles celtiques dans des terres voisines de Limoux; 6° l'existence, dans la même ville, de plusieurs familles dont les formes extérieures présentent une grande ressemblance avec celles qui servaient à caractériser autrefois les races gauloises.

(10) Voyez, pour plus de détails sur ce point, la note *A*.

La tribu des Atacins occupait, selon l'opinion des meilleurs géographes, les terres qui s'étendent depuis Limoux jusqu'aux sources de l'Aude. La circonscription territoriale de cette tribu paraît s'être maintenue dans la suite des temps; on la retrouve, avec peu de variations, sous les noms de Comté de Razès, de diocèse d'Alet et de Limoux, de district et d'arrondissement de Limoux.

VI. — Lorsque les Ibères, refoulés par les Celtes vers le côté occidental des Pyrénées, s'échappèrent par essaims à travers la chaîne orientale des mêmes montagnes, pour aller former la nation Celto-Ligure, (11) les Atacins durent se ressentir de ce mouvement d'émigration. Il est probable que les Ibères établirent alors des relations commerciales assez suivies entre la ville d'Emporias qu'ils avaient quittée, et les vallées de l'Aude qu'ils venaient d'envahir. Ces relations commerciales rendraient compte de la présence dans nos contrées d'un grand nombre de médailles celtibériennes d'Emporias (12) et de l'origine celtibé-

---

(11) Ce refoulement paraît avoir eu lieu vers le xve siècle, avant l'ère chrétienne. (Am. Thierry, *Histoire des Gaulois*, tom. 1, p. 7.)

(12) Ces médailles, presque toutes en bronze, présentent d'un côté la tête décoiffée d'un chef gaulois; de l'autre un cheval ailé lancé au galop. Sous le ventre du cheval se montre une inscription en caractères celtiques. — Sur les médailles romaines d'Emporias la tête humaine est coiffée d'un casque chargé d'ornements. Sous le ventre du cheval, on lit EMPOR.

rienne de plusieurs mots de notre langue romane (13).
De pareils rapports se continuèrent dans la suite ;
puisque les médailles romaines d'Emporias ne sont
pas rares aux environs de Limoux, et que la langue
vulgaire, parlée autrefois dans cette dernière ville,
présente une grande analogie avec l'idiome catalan
(14).

VII. — Les colonies Phocéennes qui se répandi-
rent, pendant le cours du vie siècle avant notre ère,
sur plusieurs points des côtes de la méditerranée, ont
exercé une influence, quoique très limitée, sur les
populations atacines ; on ne saurait la révoquer en
doute, puisque on trouve dans notre langue romane
un certain nombre de mots qui ont une étymologie
hellénique (15). Mais c'est là le seul indice qui annonce l'existence de quelques rapports entre les tribus galliques répandues dans les vallées de l'Aude, et
les colons d'origine grecque fixés à Emporias ou à
Marseille.

VIII. — Quatre siècles avant l'ère chrétienne, les
Gaulois du Nord firent une irruption violente dans la
Celtique, et s'y établirent sous le nom de Volces. La

---

(13) Mary-Lafon, *Tableau de la langue romano-provençale*,
p. 35.

(14) Voyez Libertés et Coutumes de la ville de Limoux ;
— Règlements et Sentences consulaires de la même ville.

(15) Mary-Lafon, *Tableau de la langue romano-provençale*,
p. 46. — Dumége, *Statistique des Départements pyrénéens*,
t. 2, *p.* 295.

tribu des Atacins tomba au pouvoir des Tectosages,
et cette fusion peut servir à rendre compte de la présence dans nos contrées de plusieurs médailles de ce
peuple (16). Ces médailles, frappées probablement à
Toulouse, semblent annoncer que des relations commerciales avaient pris naissance, à cette époque,
entre la tribu des Tolosates et celle des Atacins,
confondues dès-lors sous le nom de Tectosages.

§ 2. — Sous la domination Romaine. — (De 118 ans avant J.-C.,
à 440 après J.-C.)

IX. — Après la conquête de Narbonne par les Romains, le bourg Atax, aujourd'hui Limoux, tomba
au pouvoir des envahisseurs. Ce bourg ne tarda pas
longtemps à donner le jour à un poète qui s'est rendu
célèbre par la beauté de ses œuvres épiques et par
ses goûts pour la littérature grecque, je veux parler
de P.-T. Varron surnommé l'Atacin (17).

Pendant cette période historique, les habitants
d'Atax semblent ralentir leurs rapports commerciaux

(16) Ces médailles, presque toutes en argent, sont assez
communes dans les Basses-Corbières et notamment près de
Mayrones. D'un côté, on voit les rayons d'une roue disposés
en croix, et entre les rayons paraissent des haches, des olives
ou des annelets. Sur le côté opposé, on distingue quelquefois
une figure dont le dessin annonce une époque barbare.

(17) D'après la chronique d'Eusèbe, P. T. Varron naquit
à Atace pendant la 177e olympiade, c'est à dire 80 ans avant
Jésus-Christ (Eusèbe, *Chroniques, édition de* 1511, *p.* 77.)

avec Emporias, pour en faire naître de plus actifs
avec la colonie Nimoise. Les mêmes habitants établirent alors un cimetière, ou bien un dépôt d'urnes cinéraires sur un terrain qui sert aujourd'hui de place
au marché (18). Ce terrain, situé en dehors des murs
et peut-être dans le voisinage d'une rue qui conduisait vers deux vallées importantes, se prêtait sans
difficulté aux usages auxquels on l'avait destiné.

Vis-à-vis Atax, sur la rive droite de l'Aude, on
construisit, pendant la même période historique, un
petit groupe d'habitations qui prit le nom de Flacian
(c'est la petite ville d'aujourd'hui). Pour faire com-
muniquer Atax avec Flacian, on jeta les fondements
d'un pont en pierre sur la rivière d'Aude (c'est le Pont-
Vieux) (19).

Dans les environs d'Atax, de riches Romains firent
construire des temples (20), des maisons de campagne

_____

(18) En exécutant quelques fouilles sur la Place du marché,
pendant l'année 1846, on recueillit trois urnes cinéraires en
terre cuite, surmontées de petits vases à parfums; une am-
phore remplie d'ossements; des valves d'huître et des débris
de bois carbonisés. Avec ces objets, on recontra aussi neuf
médailles romaines, en bronze, parmi lesquelles prédomi-
naient celles de la colonie de Nîmes; des briques à crochets;
des vases en poterie fine ornés de dessins en relief; des poids
en terre cuite; un poids en plomb présentant la forme d'un
cône ellipsoïde tronqué; des fragments de meule en lave noire.

(19) D'après une tradition locale, le Pont-Vieux a été bâti
par César. (Trouvé, *Description du Département de l'Aude*,
t. 2, p. 239.)

(20) Tout semble annoncer qu'à Gaure près de Pomas, à

appelées *villas* (21), et donnèrent le nom de familles célèbres dans la Gaule à plusieurs bourgades qui prirent naissance à cette époque (22).

Les habitants du même bourg communiquaient avec Carcassonne, à l'aide d'une voie d'un ordre secondaire qui suivait la rive gauche de l'Aude, passait à Roufiac, à Gaure et à Cépie. Arrivée à Limoux, cette voie se divisait en deux branches, l'une passait à Magrie, près de la métairie d'Azon, et se dirigeait vers Bouriége; l'autre franchissait la rivière d'Aude sur le Pont-Vieux, suivait la rive droite de l'Aude jusqu'à Couiza. Là, cet embranchement se divisait à son tour en deux rameaux; l'un d'eux suivait la vallée de l'Aude vers Fa et vers Quillan ; l'autre montait du côté de Rennes (capitale du comté de Razès) et se dirigeait vers le Roussillon.

Toutes ces voies de communication sont indiquées soit par la présence d'anciens pavés ou de vieux ponts

---

Salles et à Ste-Barbe près de Villelongue, existaient autrefois des constructions dédiées à quelque divinité païenne.

(21) Les bourgades qui ont été probablement des maisons de campagne romaines sont aux environs de Limoux : Villo Plano près de Luguel, Ville-Romieu (St-André), Villelongue, Villedieu, Villemartin, Villereglan, Villarzel, Villa-Coumesourde, Villa des Pommes, Villebazy (*Villa Basinus*), Villo Galan, etc.

(22) De ce nombre sont : Roufiac (*Rufus*), Cepie (*Cépion*), Pomas (*Pomona*), Pieusse (*Pius*), Marceille ou Marcellan (*Mercellus*), Flacian (*Flaccus*), Magrie (*Macrinus*), Pauligne (*Paulina*), etc.

en ruines, soit par l'existence de quelques objets d'origine romaine enfouis dans le sol (23).

X. — Que devinrent les habitants d'Atax lorsque les Barbares du nord essayèrent de lutter contre la puissance romaine dans la Gaule méridionale, et y établirent leur domination vers le milieu du v⁰ siècle? Aucun document ne peut servir à nous l'apprendre. Il paraît que la présence des Visigoths sur les rives de l'Aude y modifia légèrement les mœurs des populations Gallo-Romaines, et qu'elle ne servit à introduire qu'un petit nombre de mots dans notre langue romane (24). Quant aux médailles de ce peuple, on n'en a jamais rencontrées dans les environs de Limoux.

XI. — Parmi les tentatives de révolte des populations méridionales, contre la domination des Visigoths, il en est une qui mérite d'être signalée, parce qu'elle a laissé des traces de son existence dans les traditions populaires : Vers la fin du vii⁰ siècle quelques conjurés de la Septimanie se placèrent sous le commandement du duc Paul, et ils essayèrent vainement de résister au roi Wamba. Plusieurs bourgades peu éloi-

_____

(23). Le plus remarquable de ces objets est un char en bronze dont deux roues, la partie postérieure et le timon ont été trouvés dans un champ de la commune de Fa. Ces fragments, déposés depuis plusieurs années dans le musée de Toulouse, y sont considérés par les antiquaires comme un monument des plus rares. (Dumége, *Description du Musée des Antiques de Toulouse*, p. 150 — 1835.)

(24) Mary-Lafon, *Tableau de la langue romano-provençale*, p. 66.

gnées de Limoux durent souffrir de ces excursions guerrières ; et lorsque un chef de Vascons franchit les Pyrénées pour courir au secours des révoltés, les troupes, commandées par ce chef, descendirent dans la vallée de l'Aude et s'y livrèrent à des actes de brigandage (25). De là est née sans doute cette tradition qui fait tomber sur les *Paulacres* une partie des maux qui ont affligé autrefois nos contrées.

§ 3. — Sous la domination Sarrazine. — (De 719 à 759.)

XII. — Les Arabes, après s'être rendu maîtres de la Péninsule Ibérique, s'avancèrent au-delà des Pyrénées et envahirent la Gaule méridionale. Une partie de ce peuple, commandée par El Samah, descendit dans la vallée de l'Aude et pénétra jusqu'aux frontières de l'Aquitaine (26). Pendant le cours de cette irruption, le chef des troupes Sarrazines attaqua avec une violence extrême les villes et les bourgades qui se trouvèrent sur son passage, et c'est alors sans doute qu'Atax (27) et la plupart des hameaux (28) qui étaient

---

(25) Fauriel, *Histoire de la Gaule mérid.*, t. 3, p. 27.

(26) Fauriel, *Histoire de la Gaule mérid.*, t. 3, p. 76.

(27) Plusieurs faits se réunissent pour indiquer que le bourg Atax a été complètement détruit par les Sarrazins : 1° le sol qui supporte la ville de Limoux renferme des objets assez nombreux qui ont appartenu aux colons de Rome, ce qui fait présumer que le bourg Atax a été ruiné lorsqu'il conservait encore des traces des mœurs et des usages des Romains ; —

bâtis dans les environs de ce bourg furent complètement ruinés.

La présence des Arabes dans nos contrées est attestée par la tradition populaire. C'est à ce peuple qu'on rapporte les plus grands désastres qui ont désolé l'ancien Comté de Razès. A la vérité, on ne trouve autour de nous aucune trace de ces canaux d'irrigation qui ont vivifié l'agriculture au-delà des monts pyrénéens, sous la domination des Califes; on ne trouve également aucune médaille de ce peuple. Mais, à peu de distance de Limoux, on rencontre des noms de lieux et de personnes qui ont une origine sarrazine. D'après certains étymologistes, notre idiome roman renferme aussi quelques mots qui semblent appartenir à la langue moresque (29). Tout cela prouve que les

_____

2° les traditions locales rejettent sur les Sarrazins tous les désastres qui ont affligé autrefois les environs de Limoux ; — 3° les documents historiques qui nous restent disent que les armées sarrazines, en passant d'Espagne dans les Gaules, suivirent le cours de l'Aude.

N'est-il pas probable que les peuplades représentées par les traditions locales comme éminemment destructives, ont abattu le bourg Atax et les habitations du voisinage, en remontant le cours de l'Aude, et que cet acte de vendalisme a été accompli au moment où les familles disséminées dans la vallée de l'Aude conservaient encore plusieurs usages importés par les colons de Rome ?

(28) De ce nombre étaient : Sales, Treille, Alaux, Gaure, Ste-Barbe, Azon près de Magrie, etc.

(29) Mary-Lafon, *Tableau de la langue romano-provençale*, p. 70.

populations musulmanes n'ont fait que passer comme un fléau sur le sol occupé par la ville de Limoux et qu'elles n'ont jamais songé à y faire fleurir leurs arts industriels.

II.

ÉPOQUE FÉODALE.

§ 4. — Sous la domination des Comtes de Razès.
(De 813 à 1209.)

XIII. — Le pays de Razès fut détaché du diocèse de Narbonne au commencement du ixe siècle et érigé en comté. Ce pays était limité au nord par le comté de Carcassonne; au midi, par le Roussillon, le Conflent et la Cerdagne; à l'orient, par le pays de Foix et le Lauraguais. Le Razès eut d'abord des comtes particuliers (30); il passa ensuite entre les mains des comtes de Carcassonne, dont il suivit toutes les vicissitudes.

Le château de Rennes, bâti au sommet d'une montagne baignée par la rivière d'Aude et par la Sals, devint la capitale du Razès; les habitations qu'on avait

(30) Voyez le Tableau des Comtes de Razès, à la note *B*.

essayé de reconstruire sur les ruines d'Atax, ou bien
dans le voisinage de ces ruines, n'offraient à cette
époque qu'une médiocre importance.

Une ville appelée Limoux ne tarda pas longtemps
à être édifiée sur la colline de *Lacanal*. Deux moulins
qui en fesaient partie appartenaient alors (854) aux
abbés de St.-Hilaire (31). Les archevêques de Narbonne possédaient, de leur côté, (881) cette même
ville, son église de Ste.-Eulalie (32) et Flacian avec
ses moulins à farine (33).

XIV. — Sur la rive gauche de l'Aude, là où s'élevait autrefois Atax, les habitations qui étaient venues

---

(31) Charles-le-Chauve, en donnant ces deux moulins aux
abbés de St-Hilaire, s'exprime en ces termes : «.... et molen-
» dinos duos qui siti esse noscuntur, in pago Redense, in
» villa quæ dicitur Limosus. » (Baluze, *Capitul.*, p. 1462.)

(32) On ignore quelle était la position de cette église ; deux
notes inscrites sur le *Répertoire des titres de Prouille* (t. 3 ;
— 1788) sembleraient l'indiquer.

« 1270. — Acquisition d'une terre située du côté de Mar-
» ceille et de St-Jean de Luguel, au lieu dit à la *Lande* ou
» *Pla de Ste-Eulalie.*

» 1224. — Acquisition d'une terre à *Ste-Eulalie*, confron-
» tant du côté du cers la rivière d'Aude, du côté du nord le
» chemin des jardins. »

(33) Carloman, en faisant ce don aux archevêques de Narbonne, s'exprime de la manière suivante : « ..... concedimus
» etiam ipsi ecclesiæ, in Redensi comitatu, villam quæ dicitur
» Limosus, cum suis ecclesiis Sanctæ Eulaliæ, atque Flac-
» tiano, vel cum omni suâ integritate ac membris sibi perti-
» nentibus atque farinariis. » (Vaissete, *Histoire de Languedoc*, t. 2, p. 683.)

insensiblement s'y grouper prènent le nom de bourg
de Limoux (34). Les comtes de Razès et de Carcassonne cèdent aux abbés de St-Hilaire (982) toutes
les églises qui en fesaient partie (35).

XV. — Les comtes de Razès veulent donner plus
d'extension à leurs libéralités ; ils cèdent aux moines
de la vallée de Lauquet (1011) quelques terres qu'ils
possédaient dans Flacian, dans la ville et dans le bourg
de Limoux (36).

XVI. — Bernard Aton devient vicomte de Razès ;
il achète à Raymond Roger une terre qu'il possédait
dans Limoux (1115) ; il achète en même-temps les
moulins qui étaient attachés à cette terre (37). — En-

---

(34) Sur la distinction qu'il faut établir entre le *bourg* et la
ville de Limoux, voyez la note *C*.

(35) Le pape Benoît VII, en approuvant cette libéralité
dont Roger-le-Vieux était l'auteur, dit : «.... Semper sint in
» stipendia monachorum.... ea quæ concessa sunt vel donata
» in præfato Rodgario et suâ conjuge ; id est... ecclesias quæ
» in vico Limoso.... quæ a præfato monasterio pertinent. »
Vaissete, *Hist. de Languedoc*, *t.* 3, *p.* 457.)

(36) «.... Est vero ipse alodes in comitatu Redense, in ad-
» jacentia de vico vel in villâ quæ vocatur Limoso..... et in
» alio loco in villâ quæ vocant Flaciano, aripento unum de
» vineale et habet affrontationes ipse vineales departe altano
» in vineale Sanctæ Mariæ, etc. » (Vaissete, *Histoire de
Languedoc*, *t.* 3, *p.* 479.)

(37) «.... Vendo vobis alodium meum quem habeo et habere
» debeo in Limoso et in suis terminis... de predicto alodio
» meo vendo vobis.... molinos et hoc in predicto Limoso ha-
» beo. » (Vaissete, *Hist. de Languedoc*, *t.* 4, p. 365.)

viron un demi-siècle plus tard, le petit-fils de Bernard
Aton parvient à réunir sur sa tête plusieurs vicomtés
et notamment celle du Razès. Au moment de s'unir
par les liens du mariage avec la fille du comte de Toulouse, il donne à cette dernière, à titre de dot (1171),
le bourg de Limoux et le comté de Razès (38).

Roger II, l'auteur de cette libéralité, tient sa cour
dans Limoux, pendant l'été de 1172 ; c'est là qu'il
reçoit quatre gentishommes de Coustaussa qui lui ju-
rent de garder fidèlement le château de ce village
jusqu'au moment où Pierre de Villar sera élevé au
rang de chevalier (39).

Roger II visite l'abbaye d'Alet, pendant l'année
1176 (40), et il donne aux moines qui y avaient

---

(38) « ..... Ego igitur Rogerius Biterensis vicecomes, ac-
» cipiens filiam tuam supra scriptam in conjugem, dono me
» sibi in virum et dono et trado ei in donationem propter
» nuptias.... burgum Limosum cum omnibus quæ ad ipsum
» burgum pertinent. » (VAISSETE, *Histoire de Languedoc*,
tom. 4, pag, 521.)

Cette alliance ne paraît pas avoir donné plus d'extension
aux rapports de Limoux avec Toulouse. On n'a trouvé de
cette dernière ville qu'une médaille frappée sous Louis le
Pieux, et un poids en bronze.

La médaille présente d'un côté une croix et autour H.
LVDOVICVS. IMP. ; sur l'autre côté, on voit encore une
croix et TOLVSA. CIV.

Le poids est une once dont l'un des côtés est orné d'une
porte à trois tours avec ces mots ONSA DE TOLOSA.

(39) VAISSETE, *Histoire de Languedoc*, t. 4, p. 249.

(40) VAISSETE, *Histoire de Languedoc*, t. 4, p. 266.

6

établi leur résidence une terre qui appartenait à la
ville de Limoux (41). — Les habitants de cette dernière ville obtiennent à leur tour, du même vicomte,
des priviléges importants : l'un d'eux avait pour objet
de protéger les personnes contre les actes arbitraires
des agents seigneuriaux (1178); l'autre permettait aux
vassaux de disposer de leurs propriétés, soit entre
vifs, soit par testament (1192). C'est encore sous la
domination de Roger II qu'apparait dans Limoux le
régime municipal (42).

XVII. — L'église de St.-Martin, avec toutes les
redevances qu'elle avait le droit de percevoir, cesse
d'appartenir aux moines de St.-Hilaire (1207); l'archevêque de Narbonne en fait don aux religieuses qui,
sous la direction de saint Dominique, travaillaient à
fonder le couvent de Prouille (43). Les abbés de St-
Hilaire, irrités de la perte qu'ils venaient de faire,
pénètrent dans l'église de St-Martin, et chassent, par
la violence, les moines et les religieuses qui en avaient
pris possession (1218) (44). L'évêque de Carcassonne
est invité par l'archevêque de Narbonne à se rendre
sur les lieux du litige, et à terminer, comme il l'enten-

---

(41) Il est probable que sur cette terre était édifié le moulin de St-Pierre de Flassa. Voyez la note *L*.

(42) Voyez les *Libertés et Coutumes de la ville de Limoux*,
pag. VI et suivantes.

(43) Voyez à la note *D*, l'acte qui renferme cette donation.

(44) VAÏSSÈTE, *Histoire de Languedoc*.

.dra, un pareil débat (45). Le résultat de cette en-
quête a pour effet de maintenir les religieuses de
Prouille dans la propriété de l'église paroissiale de
Limoux.

Les redevances attachées à cette église se composaient à cette époque des dîmes perçues sur les terres
de Saint-Andrieu, de Prat-Ichec, de la Canal; de la
moitié des dîmes perçues sur les terres de Flassa, et
du quart de celles fournies par la prévoté de Saint-
Polycarpe. Dans la ville de Limoux, cette même
église recevait quelques droits sur la viande de boucherie, et elle s'appropriait les dépouilles des morts.
(46) Pendant longtemps elle fut l'héritière des biens
laissés en mourant par les ecclésiastiques qui y étaient
investis des fonctions curiales.

L'administration de l'église de St-Martin était réglée de la manière suivante :

1o La prieure du couvent de Prouille (47) choisissait chaque année six prêtres séculiers pour aider le
curé dans l'accomplissement de ses devoirs. Cette no-
mination était faite pendant les quinze jours qui sui-
vaient l'élection des consuls.

Parmi les six prêtres appelés chaque année en
qualité de vicaires dans l'église de St-Martin, les con-

---

(45) Voyez à la note *E* l'acte qui donne une pareille mission
à l'évêque de Carcassonne.

(46) Ces dépouilles se composaient du lit sur lequel le défunt
avait cessé de vivre, de ses vêtements et de sa chaussure.

(47) Voyez à la note *F*, le tableau des prieures de Prouille.

suls en choisissaient un qui prêtait serment, en leur présence et en présence de la prieure de Prouille, de veiller avec soin sur les dépenses de l'église paroissiale (48). Ce prêtre portait le nom de sacristain.

2º Le curé (49) était inamovible ; la prieure de Prouille le choisissait lorsque cet emploi était vacant, et elle fesait approuver son choix par l'archevêque de Narbonne. Le logement et la nourriture de tous ces prêtres étaient à la charge du couvent de Prouille.

3º Deux clercs et un carillonneur étaient attachés à l'église de St-Martin ; la supérieure de Prouille les choisissait elle-même. — Quant au prédicateur qui venait chaque année donner des instructions pendant l'Avent et le Carême, c'étaient les consuls qui avaient le droit d'appeler celui qui leur convenait le mieux ; ils étaient tenus néanmoins de faire approuver leur choix par l'archevêque de Narbonne. Les religieuses de Prouille devaient à leur tour loger et nourrir le prédicateur.

4º L'official de l'archevêque de Narbonne, qui avait son domicile à Limoux (50), élisait, conjointement avec

---

(48) La commune de Limoux était tenue de pourvoir aux besoins de la sacristie, de fournir les ornements, l'argenterie et l'éclairage.

(49) A la note *G* on trouve le tableau des curés de Saint-Martin, depuis le moment où cette église devint la propriété du couvent de Prouille, jusqu'au moment où elle cessa de lui appartenir.

(50) Les rapports qui s'étaient établis depuis longues années entre Narbonne et Limoux ont dû amener dans cette

la prieure de Prouille, les procureurs des causes pies.
Ces fonctionnaires, presque toujours pris parmi des
ecclésiastiques, avaient le pouvoir de retenir les actes
de mariage et les testaments. Ils étaient au nombre
de deux ou de trois, et ils habitaient et prenaient leurs
repas avec les vicaires de St-Martin.

5o Sur le produit des fermages perçus dans la ville
de Limoux, par les religieuses de Prouille, les consuls retenaient un sixième qu'ils fesaient servir à
pourvoir aux besoins de la sacristie. Les réparations
de l'église et du presbytère étaient faites à frais com-
muns, le couvent de Prouille en payait les deux tiers,
la commune acquittait l'autre tiers.

Les produits dîmaires fournis par la commune de
Limoux n'étaient pas tous reçus par les religieuses de
Prouille, ils étaient répartis entre plusieurs mains :
1o L'archevêque de Narbonne prenait toute la dîme
de St-Jean-de-Luguel, la moitié de celle de Flassa et

---

dernière ville quelques monnaies de la première. Les deniers
qu'on attribuait autrefois à Maguelone et qu'on considère aujourd'hui comme ayant été frappés pendant le XIIe siècle,
sous les vicomtes de Narbonne (Raymond Ier ou Raymond II),
sont quelquefois rencontrés dans les environs de Limoux.
Sur un côté de ces deniers on voit quatre annelets au centre
desquels se trouve un besant; sur l'autre on voit une croix à
branches égales dont les extrémités transversales sont échan-
crées. Dans la première légende, on lit écrit en lettres barbares
NAIDONA pour NARBONA altéré; dans la seconde, on lit
IAMVNO pour RAMVND.

Voyez LE BAS, *Dictionnaire encyclopédique de l'histoire
de France*, articles *Maguelone* et *Narbonne*. (UNIVERS.)

de Notre-Dame-de-Salles, le quart de celle de Marceille; 2o le collége de Narbonne, établi à Paris, recevait, à titre de prieur de Marceille, les deux tiers de la dîme fournie par l'église de ce nom; 3o le prévot de St-Polycarpe prenait les trois quarts de la dîme, depuis la porte de St-Jean jusqu'au moulin de Maynard; 4o le commandeur des chevaliers de Malte recevait à son tour la moitié de la dîme de Notre-Dame-de-Salles, depuis Maynard jusqu'à St-Polycarpe.

§ 5. — Sous la domination des Seigneurs de Montfort et Trencavel. — (1209 à 1231.)

Les habitants de Limoux se laissent gagner par l'hérésie albigeoise. Simon de Montfort les contraint, par la force des armes, à rentrer dans le giron de l'Eglise (51); il fait raser en même temps leur château bâti sur la colline de *Lacanal* (52) et devient seigneur de Limoux (1209).

L'un de ses descendants, Amaury de Montfort, érige en ville le bourg de Limoux (1218); il en fait

---

(51) « .... ivit comes ad quoddam castrum quod dicitur » Limosum in territorio Redensi ubi faceret munitionem. » Castrum siquidem illud reddidit se. » (PIERRE DE VAL-SERNAY, *Historia Albigensium*, 1615, *p*. 63.)

(52) « ...... villa de Limoso, cum universitate ipsius, fuit » contra comitem Montisfortis et contra ecclesiam et ob hoc » dictus comes fecit villam dirui de podio et misit eam in plano; » et hoc fuit in primo adventu Gallicorum. » (VAISSETE, *Hist. de Lang.*, t. 6, *p*. 506.)

la capitale du Razès et y crée un couvent de Trinitaires destiné à donner des secours aux pauvres (53).
Toutes ces faveurs, les habitants de Limoux en sont
redevables aux promesses d'obéissance que les consuls
avaient adressées à Amaury de Montfort, lorsqu'il
fut appelé à succéder à son père (54).

Raymond Trencavel, après s'être emparé du Razès,
fait rebâtir le château de Limoux (1224). Les populations qui s'étaient fixées dans l'ancien bourg de ce
nom se prononcent de nouveau en faveur de l'hérésie
albigeoise. Louis VIII fait raser pour la seconde fois
(55) leur château (1226). Cette mesure se montrant

---

(53) BESSE, *Hist. des Comtes de Carcassonne*, 1645, *p.*
152.)

Cet historien dit, par erreur, que le *château* de Limoux
fut érigé en ville à cette époque. Le château de Limoux avait
été rasé, depuis peu d'années, par le Père d'Amaury de
Montfort; ce dernier ne pouvait donc que transformer en ville
le bourg qui s'était formé sur la rive gauche de l'Aude.

(54) Lettre des habitants de Limoux à Amaury de Montfort, 1218. (VAISSETE, *Hist. de Lang.*, *t.* 5, *p.* 602.)

(55) « .... dicta villa, cum hominibus ipsius, fuit iterum
» contra dictum comitem Montisfortis et reedificaverunt vil-
» lam in fortalicio podii, quando comes incipit amittere terram
» istam et receperunt Izarnum Jordani comitem Fuxi et alios
» hostes, nec non et hæreticos quam plurimos qui ibi pu-
» blice manserunt et sua domicilia tenuerunt. Postea, cum
» D. Rex venisset ad Avinionem ad acquirendum terram is-
» tam, dicta villa et universitas ipsius opposuerunt se D. Regi
» et adhæserunt D. comiti Fuxi et vicecomiti et aliis hostibus
» ejus, recipientes eos, et gravem guerram D. Regi et suis
» fecerunt. Quare, cum venirent ad misericordiam D. Regis,

insuffisante pour étouffer dans Limoux les tendances vers les doctrines hérétiques, l'archevêque de Narbonne se décide à en excommunier les habitants (56) dans un concile provincial (1227).

» et revocarentur ad pacem, villa de Limoso fuit diruta de » fortaliciis montis, et mutata in planum. » (Vaissete, *Hist. de Lang.*, t. 6, p. 506.)

Ce qui est rapporté par ce document est confirmé pur une chronique qui paraît avoir été écrite sur le registre des priviléges, pendant le xve siècle :

« L'an **MIL CLXV** (1165) foc distruida la villa que era al » pueg.

» L'an **MIL CLXXIIII** (1174) neguec la una partida de la » gent que se era alogada al pla de Flassa après la dita des- » tructio.

» L'an **MIL CLXXVII** (1177) los que scaperon del dit » diluvy torneron bastir al pueg.

» L'an **MIL CXC** (1190) foc destruida autra veguada la » villa del pueg.

» He Limos foc assetiat et bastit la ont es avas. »

Les faits rapportés par cette chronique sont vrais; mais il est probable qu'il s'est glissé quelque erreur dans les dates. Si le château de Limoux avait été détruit en 1165, pour ne se relever qu'en 1177, le comte Roger, de Carcassonne, se serait trouvé dans l'impossibilité d'y tenir sa cour en 1171. Les deux destructions du château de Limoux paraissent se rapporter à celles de 1209 et de 1226.

Quant à l'inondation qui anéantit, en 1174, la ville édifiée sur les bords de l'Aude, il est vraisemblable que le chroniqueur a voulu parler d'un débordement qui, en 1277, fit crouler deux cents maisons, enleva la vie à plusieurs habitants de Limoux et détruisit des valeurs mobilières d'un grand prix.

(56) Vaissete, *Hist. de Lang.*, t. 5, p. 353.

§ 6. — Sous la domination des Seigneurs de Voisins.
(De 1231 à 1376.)

Pierre de Voisins (57), l'un des officiers de Simon de Montfort, dans la croisade contre les Albigeois, devient seignenr de Limoux (1231) (58). Peu d'années après cette époque, les Trinitaires demandent à bâtir une chapelle dans leur établissement. Les religieuses de Prouille autorisent cette construction, mais à certaines conditions, et entr'autres avec celle que le clocher de la chapelle sera peu élevé, qu'il ne renfermera que deux cloches d'un volume déterminé, et que la moitié des offrandes reviendra à l'église paroisiale de St-Martin (1234) (59).

Après la mort de Pierre de Voisins, deux de ses enfants, Pierre et Guillaume, se partagent cette seigneurie. Pierre, l'aîné des copartageants, transmet sa portion à Guillaume, l'un de ses descendants, qui la cède à son tour au Roi de France, à la suite de quelque échange (1295). Guillaume, le second des copartageants, transmet sa portion de seigneurie à sa fille Jeanne, qui l'apporte en dot à Pierre de Meselan.

----

(57) Voyez à la note *H* le tableau généalogique des Voisins qui ont joui dans Limoux de droits seigneuriaux.

(58) Voyez l'assignat en faveur de Pierre de Voisins, dans l'*Histoire de Languedoc*, par VAISSETE, *t.* 5, *p.* 670, 2me édition.

(59) *Répertoire des titres du Monastère de Prouille*, 1788, t. 3.

Le petit-fils de ce dernier, Jean de Meselan, cède à son tour sa portion de Limoux au Roi de France (1376). A dater de cette époque, la ville de Limoux relève tout entière de la Couronne.

Sous la domination des Voisins, le bourg de Flacian fut réuni à la ville de Limoux et il ne forma avec elle qu'une seule commune (1257) (60). Les habitants de cette commune reçurent l'autorisation nécessaire pour faire moudre leurs grains dans les moulins qui leur convenaient le mieux (61); ils reçurent également l'autorisation de faire cuire leur pain dans des fours particuliers (1257) (62).

Les religieuses de Prouille, dans le but de rendre plus facile l'accès de l'église paroissiale aux familles qui étaient fixées sur la rive droite de l'Aude, font construire (1260) un pont en bois dans le voisinage de cette église (63).

---

(60) « .... procuratoribus seu sindicis totius universitatis » villæ de Limoso et Flaciano. ». (*Libertés et Coutumes de Limoux*, p. 7.)

(61) *Libertés et Coutumes de Limoux*, p. 9.

(62) *Libertés et Coutumes de Limoux*, p. 9.

(63) On lit dans le *Répertoire des titres de Prouille*, t. 3 : « L'an 1260 et le 7 des ides de février, Roger de Cornanel, » marchand, de Limoux, rendit compte au syndic de Prouille, » au sieur Michel, sacristain, et aux Consuls de Limoux, de » l'administration qu'il avait faite des légats faits à l'église » St-Martin et de la dépense pour la construction d'un pont » sur la rivière d'Aude. »

Il est probable que ce pont était en bois; ce qui porte à le

Les Consuls de Limoux ne tardent pas longtemps
à exécuter dans l'église de St-Martin une réparation
importante (1261); il est probable qu'on éleva alors
les arcs en ogive, légèrement moresques, qui divisent
la nef en trois sections, les chapelles des bas-côtés
de la nef (64), et le grand portail placé du côté du
midi.

Les Consuls achètent aux religieuses de Prouille
l'extinction du droit qu'elles percevaient sur les dépouilles des morts (1275) (65); ils règlent, d'un commun accord avec les mêmes religieuses, le tarif des
procureurs des causes-pies en matière d'actes de mariage et de testaments (1278) (66).

Une inondation renverse deux cents maisons, sub-
merge plusieurs personnes et détruit pour environ
quarante mille francs de valeurs mobilières (1277).

Le seigneur de Limoux permet aux Consuls de

---

penser, c'est que lorsqu'on parle du pont-vieux dans des actes
de 1271 et de 1279, on le désigne toujours par ces mots *le
Pont de pierre.*

(64) « ..... magister Petrus debet facere et operari bene et
» fideliter ad honorem Dei et utilitatem universitatis predictæ,
» predictam ecclesiam Sancti Martini de Limoso et reficere
» et aptare in parietibus, arcubus, testitudinibus, veirialibus,
» piliis, quod reficiendum viditur. (*Archives de l'Hôtel-de-
Ville.*)

(65) Cette extinction coûta aux Consuls 150 livres tournois.
(*Répertoire des titres du couvent de Prouille*, t. 3e.)

(66) *Anciens Règlements consulaires de la ville de Limoux*,
p. 10.

régler la police de la boulangerie (1291), d'utiliser au profit de la commune l'impôt prélevé sur les poids et les mesures (1292); il leur permet également de faire juger les affaires criminelles par des assises(1292) et d'autoriser les ventes à l'encan (1298). Pierre de Meselan, seigneur d'une partie de Limoux, permet à son tour à ses vassaux d'utiliser, au profit de la commune, l'impôt qu'il prélevait sur le poids du pain (1299) (67).

Quelques membres de la famille de Voisins, qui jouissaient dans Limoux de droits seigneuriaux, font démolir le pont en bois placé à côté de l'église de St-Martin (1294), et ils ne consentent à sa réédification qu'après avoir reçu une indemnité suffisante (1295) (68).

---

(67) *Libertés et Coutumes de Limoux*, p. 95, 55, 49, 96.

(68) On lit dans le *Répertoire des titres du couvent de Prouille* :

« 1294. — Le pape Boniface VIII fit informer contre noble
» Guillaume de Voisins, Amiel Jorry, chevaliers, et Geraud
» de Capendu, qui avaient détruit un pont que le monastère
» de Prouille avait fait construire sur la rivière d'Aude, afin
» que les fidèles pussent venir assister plus commodément à
» l'Eglise St-Martin de Limoux. »

« 1295. — Guillaume de Voisins, seigneur de Limoux,
» en présence de Pierre de Voisins son fils, déclare avoir
» reçu du monastère de Prouille la somme de 150 livres
» tournois, pour la faculté qu'il lui avait accordée et aux
» habitants de Limoux de faire construire un pont de pierre
» ou de bois sur la rivière d'Aude, au dit Limoux. »

Cette fois le nouveau pont fut construit en pierre, et on le termina pendant l'année 1327.

XVIII. — Les habitants de Limoux, fatigués par les persécutions des inquisiteurs, tentent de se séparer du Roi de France et de passer sous la domination du Roi d'Aragon (1305). En punition de cet acte de rebellion, la ville de Limoux est privée de son consulat et condamnée à une forte amende. Le Roi de France fait grâce d'une partie de cette amende, et il remet la ville de Limoux en possession de son consulat (1307) (69).

Le pape Jean XXII érige [la ville de Limoux en évêché (1317). Cette bulle d'érection est bientôt révoquée, et le siége épiscopal de Limoux est transféré dans l'abbaye d'Alet (1318) (70).

La commune de Limoux devient le siége d'une viguerie (1319). — La rivière d'Aude est gonflée par un orage; elle renverse quarante maisons et donne naissance à des contestations sérieuses entre les consuls et les religieuses de Prouille, propriétaires du moulin et du barrage en aval de la ville (1326). — On termine la construction du Pont-Neuf (1327) (71), et on commence à fabriquer des poids en bronze avec l'empreinte des armes de la ville (72).

---

(69) *Libertés et Coutumes de Limoux*, p. 83.

(70) VAISSETE, *Hist. de Languedoc*, t. 7, p. 53.

(71) *Libertés et Coutumes de Limoux*, p. 98.

(72) On a trouvé des onces, des demi-quarts, des quarts et des livres. Ces poids présentent d'un côté une fleur de lis, et de l'autre un Saint-Martin. On lit à la légende, tantôt M. CARTO. D. LIMOS. JOHS. REX., et tantôt CARTO DE LIMOS PHILIPPVS REX.

Les consuls sont autorisés à peser les viandes vendues par les bouchers et à prélever une taxe sur ces
marchandises (1329).

La peste exerce de grands ravages parmi les habitants de Limoux (1359). — La vente du vin étran-
ger est interdite dans l'intérieur de cette ville (1349)
(73).

La commune de Limoux (l'ancien bourg de ce nom)
s'entoure de fortifications (1350); on donne à cette
commune une forme plus arrondie (74).

---

(73) « Guillelmus, permissione divinâ, archiepiscopus Auxi-
» tanensis, locum tenens domini nostri Francorum Regis,
» in totâ linguâ occitaniâ, notum facimus universis tam pre-
» sentibus quam futuris, quod nos, ad supplicationem dilec-
» torum et fidelium dicti domini regis consulum villæ et uni-
» versitatis Limosi, consideratione mortalitatis, quæ fuit de
» proximo in dictâ villâ, unde est quam plurimum denudata,
» cujus populationem animus noster afficitur......... eisdem
» consulibus et universitati concessisse privilegium et liber-
» tatem ne aliquis extraneus, infra villam et terminalia dicti
» loci, vina neque vendemiam, nec habitator dictæ villæ,
» nisi de suis propriis vineis, vinum eruptum ab extraneis
» villæ vendere, portare, seu reponere de certo quoquo modo
» presumant, nisi de ipsorum consulum et sui consilii, qui
» nunc sunt et qui pro tempore fuerint, licenciâ et consensu.»
(*Archives de l'Hôtel-de-Ville.*)

(74) « Philippus Dei graciâ Francorum Rex, notum facimus
» universis tam presentibus quam futuris; quod, cum villa
» nostra Limosi sit situata in fronteriis et confinibus regni
» nostri, dilecti et fideles nostri consules et habitatores dictæ
» villæ nobis fecerunt humiliter supplicare, ut, cum eadem
» villa non sit munita vel fortificata aut circumdata fortaliciis,

» muris, atque fossatis, iidemque supplicantes dictam villam
» claudere et fortificare, ac muros, fossataque inibi cons-
» truere et alia fortalicia facere et edificare, pro urgenti ne-
» cessitate vel evidenti commoditate, tuitioneque, securitate
» et defensione dictæ villæ. »

« Et quia predicta villa adeo longa vel dispersa et extensa
» extitit, quod ipsa tanta nequiret, cum ejusdem suburbiis,
» fortaliciis circumdari et infra dicta fortalicia sive muros
» claudi et muniri, nec dicta clausura inter villam et suburbia
» commode fieri absque destructione nonnullorum edificio-
» rum, ortorum et locorum parum valoris. » (*Archives de*
l'Hôtel-de-Ville.)

Il est probable qu'avant cette époque le terrain compris
entre la porte de la Trinité et le pont de France était couvert
d'habitations. Les notes suivantes semblent l'annoncer :

« 1274. — Maison dans la rue qui va du moulin d'en Sicard
» (ou de la Boucarie) vers l'Agoutine. »

« 1293. — Maison dans Limoux, dans la rue appelée de
» la Fargue, confrontant d'un côté la cave. » (*Répertoire des*
titres du couvent de Prouille.)

« 1150. — Et ortum Guillelmi Corona, cum omnibus aliis
» ortis qui sunt ab ipsâ fortiâ usque ad portam foronam. »
(VAISSETE, *Hist. de Languedoc*, t. 4.)

Pendant le cours du xiiie et vers la fin du xiie siècle, l'espace compris entre la porte de la Trinité et le pont de France
fut vendu à parcelles pour y construire des habitations. On
trouve l'indication de seize ventes de cette espèce dans le
Répertoire des actes du couvent de Prouille; elles portent les
dates suivantes : 1178, 1179, 1230, 1273, 1273, 1273, 1277,
1277, 1280, 1280, 1280, 1280, 1281, 1282, 1287, 1287, et
elles donnent à ce terrain le nom de *Barry de Prouille* ou de
Marché-Vieux.

Limoux (1355) (75). On travaille immédiatement à reconstruire les habitations et les murs de défense ; on relève, en dedans de ces murs, les couvents des Augustins et des Cordeliers, bâtis autrefois, le premier à Tivoli, et le second sur le champ de Mars (76).

------

(75) « Villa de Limoso cum pluribus aliis villis, locis et
» castris ejusdem senescalliæ, per principem Gallenem et
» gentes ejusdem, quando per illam patriam hostiliter trans-
» sierunt, multipliciter........ destructa et etiam habitatores
» ejusdem villæ in majori parte, bonis suis principue mobi-
» libus spoliati fuerunt. » (Archives de l'Hôtel-de-Ville.)

(76) Ces faits sont prouvés par les notes suivantes :
1° Augustins ;
« Le couvent des religieux ermites de l'ordre de notre glo-
» rieux père Saint Augustin de Limoux, en Languedoc, ville
» qui est du diocèse de Narbonne quant au spirituel, et quant
» au temporel du diocèse d'Alet, était autrefois hors les
» murs, dans le sol où est aujourd'hui la vigne du dit cou-
» vent, appelée le maillol de l'Agoutine, à cause qu'elle est
» tout devant la porte de l'Agoutine, allant vers la porte
» Tolozane, et n'est séparée de la muraille de la ville que
» par le chemin et fossé, où l'on voit encore quelques mazu-
» res et fondements d'édifices qui sont les restes de l'ancien
» couvent. » (Hist. manuscrite de l'Etablissement du couvent de PP. Augustins de Limoux, 1651.)
« 1358, et le 2 mars, le syndic de Prouille donne permis-
» sion aux Augustins de Limoux de faire construire un cou-
» vent dans un local au dedans de la ville de Limoux, après
» en avoir obtenu la permission du pape, de l'archevêque et
» l'agrément des Consuls de la ville. » (Répertoire des titres
du Couvent de Prouille.)
2° Cordeliers ;
« 1369, et le 20 décembre, transaction entre le syndic du

Le Duc de Bourgogne menace d'envahir le midi de la France. Les habitants de Limoux donnent à leurs fortifications un plus haut degré de résistance (1356) (77). — Les consuls font construire une élégante chapelle près du cimetière (1363) (78); ils adoptent un tarif pour le prix de vente des viandes de boucherie, et ils décident que ces dernières ne pourront être vendues qu'au poids (1368) (79).

Les religieuses de Prouille prétendent avoir le droit de percevoir les revenus fournis par la chapelle de Marceille (1380); les collégiens de Narbonne, établis à Paris, se refusent à en faire un abandon, et ils sont en butte à des actes de violence qui donnent lieu à des poursuites criminelles (80).

» monastère de Prouille, le curé de Limoux et les Cordeliers » de la même ville........ Le syndic de Prouille exempte du » paiement de la dîme le jardin que les dits Cordeliers pos- » sèdent dans l'enclos de leur ancien couvent près la rivière » d'Aude, jusqu'à ce qu'ils en auraient acquis un autre atte- » nant leur nouveau couvent. » (*Répertoire des titres du Couvent de Prouille.*)

La construction de ce nouveau couvent fut terminée en 1360, et l'archevêque de Narbonne vint en bénir l'hôpital.

(77) *Libertés et Coutumes de Limoux, p.* 101.

(78) On lit dans le *Répertoire des titres du couvent de Prouille :*

« 1363, et le 31 décembre, Pierre, archevêque de Nar- » bonne, accorde la permission aux habitants de Limoux, » de faire construire une chapelle dans le cimetière de leur » paroisse, pour agrandir l'Eglise de Saint-Martin. »

(79) *Libertés et Coutumes de Limoux, p.* 102.

(80) « En 1380, et le 7 septembre, veille de la Nativité de

A cette époque, la ville de Limoux avait acquis un haut degré de prospérité, et elle était redevable de sa richesse aux industries qui y avaient pris un grand développement. Au nombre de ces industries il faut compter : 1o la mouture des grains ; 2o la préparation des peaux ; 3o la fabrication des draps ; et 4o le commerce des bois de construction à l'aide du flottage sur la rivière d'Aude.

Avec les revenus qu'elle s'était créés, la ville de

» la Vierge, le nommé Bertrand Algay, syndic du monastère
» de Prouille, escorté de vingt hommes, tant donnats que
» frères convers et séculiers, armés de diverses sortes d'ar-
» mes, se transporta à la chapelle Notre-Dame de Marceille
» près Limoux, où étant arrivé, il fit environner la dite cha-
» pelle par ses satellites au grand scandale des pélerins qui
» y passaient la nuit en prières. Le lendemain 8 septembre,
» jour de la fête, le dit Algay entra bon matin dans la dite
» Eglise avec sa cohorte, à laquelle il fit déposer les armes,
» et attendit jusqu'à la grand'messe. L'offertoire arrivé, et
» les offrandes des fidèles reçues, le dit Algay se présenta
» et enleva par violence les dites offrandes, quoiqu'on lui
» eût déclaré que la dite Eglise, les dits Ecoliers, leurs pos-
» sessions et leurs droits étaient sous la sauvegarde spéciale
» du Roi, fit reprendre les armes à ses gens et emporta les
» offrandes au vu de tout le monde.
» Le lendemain 9 septembre, le dit Algay, accompagné
» comme ci-devant, revint à Marceille pendant la grand'messe
» et emporta les offrandes comme la veille. Le monastère de
» Prouille, bien loin de désavouer une conduite aussi indé-
» cente et aussi peu régulière, l'autorisa et déclara que tout
» avait été fait en son nom. » (*Répertoire des titres du couvent de Prouille.*)

Limoux put s'imposer quelques sacrifices et achever de s'affranchir de la domination des seigneurs. Jean de Meselan fut le dernier à se dépouiller des droits qu'il y percevait et à les céder au Roi de France. Les habitants de Limoux acquittèrent une partie des frais de cette vente, et ils se trouvèrent dès-lors placés sous la domination exclusive des Rois de France (81).

---

(81) « 1379 et le 2 avril, sentence du sénéchal de Carcas-
» sonne, qui maintient le monastère de Prouille dans le droit
» de percevoir la dixième partie de tous les blés et émolu-
» ments du droit de mesurage et émines de la ville de Limoux;
» duquel droit noble de Meselan était autrefois possesseur,
» auquel le Roi a succédé depuis peu. » (*Répertoire des Titres du couvent de Prouille.*)
Le Répertoire des Titres du couvent de Prouille fait aussi connaître l'époque où la portion de seigneurie de Limoux, qui appartenait autrefois à la branche aînée des Voisins, fut cédée au Roi. Voici ce qu'on lit dans ce *Répertoire :* « Guillaume
» de Voisins, chevalier et seigneur de Limoux, la veille des
» apôtres saints Simon et Jude, l'an 1295, cède au Roi la
» seigneurie de Limoux, et, en contre échange, le Roi lui
» donne la seigneurie, avec toute justice, des lieux de Cuxac,
» de Caudebronde, de la Bastide-Rouge-Peyre, de Mous-
» soulens, de Pezens, de Gradanis, de Villalbe-Haute, de
» Roullens et de Maquens. »

III.

ÉPOQUE MODERNE.

§ 7. — Sous la domination exclusive des Rois de France.
(De 1376 à 1840.)

Les populations se plaignent des charges qui pèsent sur elles. Charles VI, alors sur le trône, se décide à faire un voyage dans le Midi de la France. Arrivé à Carcassonne, il va visiter la ville de Limoux et veut entendre lui-même leurs doléances (1389) (82). Peu d'années après cette époque, les habitants de Limoux obtiennent des droits de chasse et de pêche (1399).

XIX. — Michel, évêque de Nio, consacre l'église de St-Martin (1453). On établit deux foires, l'une appelée de Saint-George, et l'autre de Saint-Martin d'hiver (1466). On décide que la foire de St-George se prolongera pendant huit jours (1489).

XX. — Les couvents des Dominicains, des Augustins, des Trinitaires, des Cordeliers et la chapelle du Crucifix, près de la porte du cimetière, sont consacrés par Jean Colombe, évêque de Troyes (1511).

---

(82) J. FROISSART. - Chroniques, tom. 2, p. 25.

On construit la tour du clocher de St-Martin (1533);
il est probable qu'on construisit à la même époque
les voûtes qui entourent les bas-côtés du chœur. Une
grande mortalité afflige les habitants de Limoux et
ceux des communes voisines (1543). Au-dessus de la
tour du clocher de St-Martin on bâtit une flèche en
pierre qui se fait remarquer par la hardiesse de ses
proportions (1596) (83). — La rivière d'Aude sort de
son lit et inonde la ville de Limoux (1549).

Limoux est pris par les Calvinistes, et repris par
les Catholiques, après un siége qui se prolongea pendant plusieurs jours, et qui fut une cause de grands
désastres (1562) (84). Les Calvinistes tentent de reprendre la ville de Limoux; ils escaladent le Pont-
Vieux pendant la nuit, et ne renoncent à leurs projets
qu'après avoir été repoussés par les gardes (1577)
(85). Le maréchal de Joyeuse convoque à Limoux les

---

(83) On trouve la note suivante dans le registre des Priviléges : « L'an 1596 feut racoimoudé la tour de St-Martin, e
» i funt pouser la pisle de la galerie haute. »

(84) On trouve l'histoire de ce siége dans *Lapopélinière*.
Le registre des Priviléges de Limoux fournit, sur ce point,
les détails qui suivent : « L'an mil cinq cent soixante-deux et
» le dimanche dixhuitième de mai, la ville de Limoux fut
» prise par les Huguenots, rebelles de fidélité....; ils l'ont
» tenue jusque le seizième de juin qui était un samedi; la-
» quelle fut prise d'assaut, dont y moururent des nôtres dix
» ou douze hommes, et des rebelles environ cinq cents ou
» davantage, et soixante-cinq de pendus. »

(85) Un tableau, placé dans une chapelle du Rosaire (Petite-
Ville), représente le siége de la ville de Limoux et six consuls

états de la province de Languedoc, qui étaient placés sous ses ordres (1588). — La sénéchaussée de Carcassonne est transférée momentanément à Limoux (1589); elle n'y fut établie d'une manière définitive qu'en 1642.

Le maréchal de Joyeuse va séjourner à Limoux pendant quelques mois, et y meurt dans la maison de l'Officialité (1592) (86); il est inhumé, avec toute la

---

en costume; au-dessous de ces personnages on lit : « En l'an-
» née 1577, les Huguenots des lieux circonvoisins ayant at-
» taqué la ville de Limoux et attaché leurs échelles au Pont
» Vieux, elle fut miraculeusement garantie par une protec-
» tion spéciale de la mère de Dieu et par les faveurs qu'elle
» confère aux dévots du St-Rosaire; en mémoire de quoi ils
» firent dresser une ville de cire d'une grandeur prodigieuse,
» qu'ils présentèrent à la chapelle du St-Rosaire.

(86) Plusieurs historiens ont répété que le maréchal de Joyeuse était mort dans son château de Couiza. Une note insérée dans le registre des délibérations de la commune de Limoux dément cette assertion en ces termes : « L'an 1592
» et le 12ᵐᵉ jour du mois d'août, monseigneur de Joyeuse,
» maréchal de France, gouverneur et lieutenant-général pour
» le Roi au pays de Languedoc, arrivé en la présente ville
» de Limoux, encore que la contagion de la peste y fût devant
» son arrivée, ne voulut pas quitter la dite ville, en fut souillé
» et décéda dans la maison de l'Officialité de la dite ville, le
» vendredi 24 janvier 1592, la veille de la fête de St-Paul,
» sur les onze heures de nuit;.... et même jour, sur l'heure
» assez tarde, ses entrailles furent apportées en l'église de
» Saint-François du dit Limoux, par ses officiers, et furent
» mises dans un vase ou tombeau dans le chœur de cette
» église du côté gauche. »

pompe due à son rang, dans l'église des Cordeliers. La peste, qui avait exercé de grands ravages parmi les habitants de Limoux, en 1501 (87), 1521, 1527, reparaît, avec une nouvelle intensité, dans la même ville en 1592, 1629 et 1631 ; pendant le cours de cette dernière année elle donna la mort à 3,300 personnes de Limoux (88).

(87) Pendant les temps antérieurs, et surtout vers la fin du XIIIe et le commencement du XIVe siècles, une autre maladie très grave, la lèpre, avait pris une grande extension dans Limoux. Le document qui suit en fournira la preuve :

« 1316. — A la réquisition de l'Official du Razès, le mo- » nastère de Prouille promit de faire bâtir un oratoire pour » les lépreux, afin qu'ils pussent entendre la messe et as- » sister aux offices divins. » (*Répertoire des titres du Couvent de Prouille.*)

Cet oratoire était bâti en 1323, mais on ignore quelle était sa position ; une note qu'on trouve dans le compoix de Limoux, dressé en 1543, semblerait annoncer qu'il était placé dans les environs du moulin de la *Boucarie* ou des Religieuses. Voici cette note :

« Las damas de Prouilla an un moly sur la riviera d'Aude, « appelat le moly de la Boquaria, costa la rote de la molautia » et le grand cami. »

(88) Un tableau, placé dans la chapelle du Rosaire (Petite-Ville), donne une faible idée des maux que la peste entraîne à sa suite : « L'an 1631, la ville de Limoux étant frappée de « la peste, il mourut 3,300 personnes et trois consuls, scavoir « Jacques de Benevens, Jacques Barthe, bourgeois, et Ray- « mond Villars et noble François de Vesian, seigneur de « Layssac, avocat à la Cour du Parlement. Les sieurs Ber- « trand Fornier et François Aymeric, bourgeois restant,

XXI — Le 8 novembre 1625, la rivière d'Aude inonde la ville de Limoux (89). En 1640, on fonde un établissement d'instruction publique confié aux Doctrinaires; on crée en même-temps un bureau de charité. Une nouvelle inondation de la rivière d'Aude renverse quelques moulins et entraîne leurs digues (1673). Vers la même époque, une grêle générale détruit toutes les récoltes (90), et un incendie, survenu près de la Place au Marché, consume vingt-six maisons et détruit un couvert. — L'hôpital Notre-Dame, placé autrefois au nord de Saint-Martin, est supprimé et remplacé par l'hôpital général de la Petite-Ville (1678) (91). Un nouvel incendie dévore en trois

---

« firent, le 21 novembre, vœu à Dieu et à Marie, fondatrice
« du St-Rosaire ou de la dite ville, de consacrer une lampe
« d'argent à la chapelle du Rosaire, après quoi la peste cessa.
« Ce vœu fut accompli en 1640. »

(89) La hauteur des eaux est indiquée sur l'angle d'une maison à côté de la porte d'Alet (Pont-Vieux). Au-dessus du signe qui montre la hauteur des eaux, on lit les mots qui suivent : LE 8 NO. 1625 L'EAU ARRIVA JUSQUES A LA CROIX SI DESSUS. P. TOURNIÉ.

(90) D'après le *Répertoire des titres du Couvent de Prouille*, ce fléau a causé de grandes pertes dans la commune de Limoux, le 11 juillet 1660, — le 28 juin 1713 et le 5 août 1737.

(91) Cette mesure amena une transaction, qu'il est bon de faire connaître, entre les administrateurs de l'hôpital général et le monastère de Prouille.

« 1733. — Dans cette transaction, il est dit que le monas-
» tère de Prouille était dans l'usage immémorial de donner
» annuellement une aumône en pain qu'il fesait distribuer à

jours cent vingt-six maisons; de ce nombre faisaient partie les couvents des Augustins et des Trinitaires (1685)(92). Une fontaine, entourée d'un grand bassin circulaire, s'élève sur la Place au Marché. On construit en même temps les promenades publiques (1688).

XXII. — On construit, sur la Place au Marché, la halle pour la vente des grains et des viandes de boucherie (1714) (93). — La rivière d'Aude s'élève au-

---

» la porte du cloître de l'église St-Martin tous les dimanches,
» à commencer le 25 mars jusqu'à la Saint-Jean-Baptiste
» exclusivement; qu'en outre, le dit monastère faisait une
» autre aumône aux pauvres de l'hôpital de Limoux tous les
» dimanches, mercredi et vendredi de l'année, d'un pain gros
» et de trois feuillettes bon vin chacun des dits jours. Qu'en
» l'année 1678, en exécution des lettres patentes qui érigè-
» rent l'hôpital de Limoux en hôpital général, il fut verbale-
» ment convenu entre le monastère et les directeurs du dit
» hôpital que le monastère, pour tenir lieu des sus dites au-
» mônes, donnerait chaque année au dit hôpital 15 setiers
» blé et 10 setiers de raout, moyennant quoi le dit monastère
» demeurerait valablement déchargé des dites deux aumônes
» et de toutes autres extraordinaires et à quelque titre qu'elles
» pussent être demandées concernant les pauvres de la pa-
» roisse de Limoux. » (*Répertoire des titres du Couvent de Prouille.*)

(92) Dans la chapelle de Notre-Dame de Marceille, on aperçoit un tableau qui représente un incendie et une procession. Une inscription placée sur ce tableau dit ce qui suit : « Vœu fait à Notre-Dame de Marceille par M. Marc-Antoine » de Peyre, juge-mage de Limoux, de l'incendie arrivé au » dit Limoux, le 15 septembre 1685. »

(93) Une inscription placée sur l'un des arceaux de la halle au marché, porte le chiffre 1714; mais avant cette époque

dessus de son lit et passe sur les deux ponts (1717).
Peu d'années après, l'hôtel-de-ville fut bâti (1722) (94).
On crée une foire de septembre qui doit se prolonger
pendant trois jours (1764). Une nouvelle crue de la
rivière d'Aude inonde la ville de Limoux (1765). On
construit la porte de la Trinité et on donne à cette
ouverture une forme monumentale (1779) (95). Un

---

il existait sur le même point une maison destinée à la vente
des grains et de la viande de boucherie. On peut s'en assurer
en consultant, dans les archives, des actes de juillet 1292 et
de 1344.

(94) Sur une pierre placée sur la façade de l'hôtel-de-ville,
on lit l'inscription suivante : — « Bâti en 1722, étant maire
» M. noble de Cassaignau, M. Pierre Fonds, 1er consul ;
» M. François Fajol, second consul; M. Bataller et M. Bert,
» consuls. »

(95) La construction de la porte de la Trinité était annoncée
sur une affiche, en ces termes : « Nous maire et consuls, ca-
» pitaines de la ville de Limoux, juges ès causes urbaines
» de la police, manufacture et justice criminelle en pareage,
» et faisons savoir à tous ceux qui voudront entreprendre la
» démolition de la porte de la dite ville, appelée de la Trinité,
» et de partie de cinq maisons appartenant aux Srs Ducasse,
» Deloustal, Vidal, Alquié et Guiraud, situées à l'entrée de
» la dite porte et rue de la Trinité, sur la droite; ensemble
» la reconstruction de la dite porte de la Trinité et des murs
» de face des dites cinq maisons, le tout conformément aux
» plans, devis et additions au devis dressé par le sieur Du-
» four, inspecteur général des travaux publics de la province,
» le 5 mars et le 13 octobre 1777; qu'en vertu de l'ordon-
» nance de monseigneur l'intendant, du 4 janvier 1778,
» l'adjudication en sera faite, à l'extinction des feux, dans

octroi est créé dans Limoux (1788). On exécute des réparations importantes dans l'église de Saint-Martin. L'arc à plein-cintre qui sépare le chœur de la nef fut alors construit. Il est probable qu'on fit, à cette époque, le dôme qui ornait autrefois le chœur et les voûtes qui supportent l'orgue (1748).

XXIII. — Le 20 octobre 1820, une inondation fait crouler plusieurs maisons et donne la mort à quelques habitants de Limoux. Une nouvelle inondation survient en 1833. En 1840, l'explosion d'un magasin à poudre détruit la porte en arc de triomphe de la Trinité et enlève la vie à un certain nombre d'habitants de Limoux.

» le consistoire de l'hôtel-de-ville, trois heures de relevée, » le mardi 3 février 1778, à celui ou à ceux qui feront la » condition meilleure. »

Les frais de construction s'élevèrent à environ 35000 livres tournois.

NOTES.

La ville de Limoux portait autrefois le nom d'Atace.

Atace portait chez les Latins un nom exactement conforme à celui qui avait été donné par le même peuple à la rivière d'Aude ; une identité de ce genre annonce évidemment que l'Aude avait emprunté son nom à Atace, et qu'Atace était bâti sur les bords de cette rivière. Plusieurs cours d'eau portent ainsi le nom des villes et des bourgades dont ils baignent les murs ; aux environs de Limoux on en trouve quelques exemples. De ce nombre sont : la Corneilla, près de Cornanel ; le Fabi, près de Fa ; la Preuille, près de Prouille ; le Chalabrel, près de Chalabre ; le Riveillou, près de Rivel, etc. Dans des localités plus éloignées, on trouve St-Tiberi et l'Hérault qui portaient autrefois le nom d'*Arauris* ; Elne et le Tec étaient appelés l'un et l'autre *Illiberis* (1) ; le Rhone (*Rodanus* des Latins) avait à son tour emprunté son nom à Rhoda, ville

---

(1) « E Pyreneo fluunt Ruscino et illiberis, uterque urbem » habens cognominem. » (STRABON, lib. ii ; édi. de Casaubon.

bâtie sur l'une des rives de ce fleuve (1); l'Aude a sans doute emprunté le sien à Atace, et Atace devait être placé sur les bords de cette rivière.

Si le bourg Atace a été la mère-patrie d'un petit peuple (*Atacins*); s'il a donné son nom à une grande rivière, il est probable qu'il avait acquis autrefois une grande importance. Quelques historiens ont eu peu de peine à s'accorder sur ce point; il en est même qui ont été jusqu'à placer le bourg Atace, tantôt à Narbonne et tantôt à Carcassonne (2). Ces derniers étaient évidemment mal fondés : Carcassonne et Narbonne font partie de ces villes dont le nom n'a pas changé et qui sont fréquemment mentionnées par des historiens ou des géographes très reculés, notamment par César, par Pline (3) et par les auteurs des anciens itinéraires.

_____

(1) « Atque ubi Rhoda Rhodiorum fuit, unde dictus, multo » Galliarum fertilissimus, Rhodanus fluvias. » (PLINE, *Hist. Nat.*, liv. 3, chap. 4.)

(2) BESSE, *Hist. des Comtes de Carcassonne*, pag. 4.

(3) Après avoir énuméré plusieurs villes de la Province Narbonnaise, Pline nomme les suivantes comme étant situées au milieu des terres et loin des côtes de la mer : *Anatilia, Aëria, Bormani, Comacina, Cabellio, Carcassum*. Quelques manuscrits de Pline ne s'accordent pas sur la manière d'écrire deux noms de ces villes; il est des manuscrits dans lesquels on lit *Bormanico, Macina*. De là on a conclu qu'il aurait pu se glisser quelque altération dans les lettres qui composent le mot *Macina*, et qu'il serait facile d'y trouver *Atacina*, en admettant que les lettres A et T ont été transformées par quelque copiste en la lettre M.

Si on compare maintenant la position de Limoux
avec celle qui était occupée, selon toutes les proba-
bilités, par Atace, on ne tardera pas à reconnaître
que c'est celle qui convient le mieux pour ce bourg.
En effet, notre ville a changé de nom, ses murs sont
baignés par la rivière d'Aude; après Carcassonne et
Narbonne, c'est la cité la plus importante sur les
bords et vers la source de cette rivière. Danville, l'un
des géographes qui se sont appliqués, avec le plus
de succès, à rechercher la position des anciens peu-
les de la Gaule, paraît avoir été amené à la même
idée. Sur les cartes qu'il a essayé de dresser, les
Atacins ont été placés dans le territoire qui est repré-
senté aujourd'hui par l'arrondissement de Limoux.

La déduction que je viens de tirer deviendra mieux
assurée, si on songe que le nom du bourg dont on
cherche la position est resté attaché à un terrain très
rapproché de Limoux. Vers le côté méridional de cette
ville, dans la portion de vallée qui paraît avoir été
la première couverte d'habitations, on trouve une
grande étendue de terre qui a toujours porté le nom

Mais il paraît que cette supposition n'est pas admissible, par
la raison que Pline a suivi un ordre alphabétique dans l'énu-
mération des villes de la Province Narbonnaise; et les manuscrits qui écrivent *Macina*, ou bien qui écriraient ATACINA,
s'écarteraient de cet ordre. D'après les commentateurs de
Pline les plus estimés, il faut lire *Bormani*, *Comacina*. (Voyez
l'édition de Pline publiée par POINSINET DE SIVRY, et celle de
LEMAIRE. Voyez aussi FORTIA D'URBAN, *Tableau hist. et
géogr. du Monde*, tom. 4, p. 139.)

de *Taïch*. Or, *Taïch* est la traduction patoise de *Tax;* presque tous les *x* renfermés dans les mots latins sont représentés par *ich* dans les mots patois qui leur correspondent. On peut s'en assurer par les exemples suivants : *Fuxum* a été traduit par *Fouïch* (ville de l'Ariége), *Buxum* par *Bouïcho* (village des Corbières), *Maxilla* par *Maïcho*, *Coxa* par *Caïcho*, etc. Par suite de cette habitude à peu près constante, le mot *Tax* des latins a été traduit par *Taïch* dans l'idiome roman. On trouve une nouvelle preuve de ce que j'avance en ce moment, dans un acte qui est reproduit à la note *D*, et dans un acte plus récent (de 1234), qui a fait partie des archives d'Alet (1). On objectera peut-être que le mot *Taïch* ou *Tax* des Latins diffère légèrement d'*Atax* ou d'Atace dans notre langue ; mais cette objection est sans valeur puisqu'on rencontre plusieurs mots latins de villes ou de bourgs dont on a supprimé la première syllabe dans les mots patois ou français qui leur correspondent. En voici des exemples : *Saxatum* a été traduit par AXAT, *Hebromagus* par BRAM, *Stabulum* par BOULOU, *Ugernum* par GERNEGUE, etc. Il est donc probable que le mot *Atax* a été traduit par *Taïch* dans notre idiome vulgaire.

Le nom de l'un des terrains les plus rapprochés de Limoux, la position de ce terrain sur les bords de l'Aude, le degré d'importance qu'avait acquis autrefois notre cité, tous ces faits réunis annoncent clairement que l'ancien nom de Limoux devait être ATACE.

_____

(1) « In toto terminio de Taxo et de Flaciano et de Alzena » et de Luguello et de Limoso, etc.

Note *B.*

—

———

1° Le pays de Razès est possédé par des Comtes particuliers.

1. BERA I, fils de Guillaume, duc de Toulouse et parent assez rapproché de Bera, comte de Barcelonne, fut le premier comte connu du Razès. — D'un commun accord avec Rumille, sa femme, il fonda l'abbaye de Notre-Dame d'Alet (813).

2. ARGILA, fils de Bera I, succéda à son père dans le comté de Razès, on ne sait en quelle année.

3. BERA II, fils d'Argila, succéda à son père (844); il fut à la fois comte de Razès et de Roussillon,

2° Le pays de Razès passe entre les mains des Comtes
de Carcassonne.

4. OLIBA I, issu de la famille de Guillaume, duc de Toulouse, devient comte de Razès et de Carcassonne (819); il avait épousé Elmétrude.

5. Louis ELIGARIUS succéda à son père Oliba I, dans le comté de Razès (851).

6. OLIBA II et ACFRED I, qu'on croit être les fils d'Eligarius, possédèrent par indivis le comté de Razès (877).

Oliba II fut père de Bencion et d'Acfred II, qui lui succédèrent l'un et l'autre. Acfred I eut d'Adélaïde d'Auvergne, sa femme, trois fils qui abandonnèrent à leurs cousins le comté de Razès.

7. BENCION, fils aîné d'Oliba II et neveu d'Acfred I, hérita de l'un et de l'autre, des comtés de Razès (908); il en jouit sous la suzeraineté du marquisat de Toulouse.

8. ACFRED II succéda à son frère Bencion, mort sans enfants (934). Acfred ne laissa qu'une fille appelée Arsinde,

qui, par son mariage avec Arnaud, fils d'Asnarius, comte de Cominges, porta dans cette famille le comté de Razès.

9. ARNAUD, époux d'Arsinde, fille d'Acfred II, succéda à son beau-père dans le comté de Razès (942); il eut de ce mariage deux fils qui se partagèrent le comté de Razès et qui en jouirent, par indivis, avec les comtes de Barcelonne.

10. *Première Branche.* — ROGER (le Vieux), fils aîné d'Arnaud, hérita du comté de Carcassonne et d'une faible partie du comté de Razès (982); il épousa Adélaïde, et céda les églises du bourg de Limoux à l'abbaye de St-Hilaire.

11. RAYMOND ROGER succéda à son père Roger (le Vieux); il épousa Garsinde de Béziers (1010), et donna aux abbés de St-Hilaire quelques terres qui fesaient partie de la ville de Limoux (1011).

12. PIERRE RAYMOND succéda à son père Raymond Roger; il épousa Rangarde, sœur d'Almodis de la Marche (1061).

13. PIERRE ROGER succéda à son père Pierre Raymond; il avait épousé Sybille (1067). Mort sans enfants, ses biens furent légués à ses sœurs Hermengarde et Adélaïde.

3º Le pays de Razès est possédé par des Comtes particuliers.

10 *bis.* *Deuxième Branche.* — EUDES, fils cadet d'Arnaud, hérita de son père la portion la plus importante du Razès; il épousa Altrude (1017).

11 *bis.* ARNAUD, fils d'Eudes, succéda à son père (1018).

12 *bis.* RAYMOND I, fils d'Arnaud, succéda à son père (1034); de Belliarde, sa femme, il eut un fils qui lui succéda.

13 *bis.* RAYMOND II, fils du précédent, succéda à son père (1059) et mourut sans enfants; sa portion du Razès revint, après sa mort, à la branche qui possédait le comté de Carcassonne.

4º Le pays de Razès passe entre les mains des Comtes de Barcelonne.

14. HERMENGARDE, devenue l'épouse de Bernard (dit Trencàvel), vicomte de Béziers, et ADÈLAÏDE, sœur d'Hermengarde, devenue l'épouse de Guillaume de Cerdagne, vendi-

rent le Razès à l'un de leurs cousins Raymond Béranger, comte de Barcelonne (1067).

15. Raymond Béranger I, comte de Barcelonne et de Razès, épousa, en secondes noces, Almodis, sœur de Rangarde de la Marche (1067).

16. Raymond Béranger II, fils du précédent, succéda à son père; il avait épousé Mathilde de Calabre (1083).

5o Le pays de Razès passe entre les mains des Vicomtes de Béziers.

17. Bernard Aton, fils d'Hermengarde, l'un des cousins de Raymond Béranger, enleva à ce dernier, par la violence, le comté de Razès; il avait épousé Cécile de Provence, et était vicomte de Béziers.

18. Roger I, fils de Bernard Aton, succéda à son père; il avait d'abord épousé Adélaïde, et puis Saure, en secondes noces (1167).

19. Roger II, fils de Saure, succéda à son père; il avait épousé Adélaïde de Toulouse, à qui il avait fait don du bourg de Limoux; il accorda divers priviléges aux habitants de Limoux (1178-1192), et alla tenir sa cour dans le château de cette ville (1171).

6o Le pays de Razès passe entre les mains de nouveaux Seigneurs.

Simon de Montfort s'empare du Razès par la violence (1209); il fait détruire le château de Limoux et place dans la ville un gouverneur, Lambert de Creïchi ou de Turrey, qui prit le nom de *Lambert de Limoux*.

Amaury de Montfort, fils de Simon et d'Arnaude, sa femme, érigea en ville le bourg de Limoux (1218), et céda au Roi le Pays de Razès.

Raymond Trencavel II reprend le Razès; il relève le château de Limoux (1224) et abandonne, à son tour, au Roi le pays de Razès.

Note *C.*

Lorsque le pays de Razès fut détaché de Narbonne,
au commencement du ixe siècle, et devint un comté
particulier, Limoux se trouva compris dans cette circonscription territoriale. On ignore si à cette époque
le château de Limoux était bâti sur la colline de *Lacanal;* mais tout porte à penser qu'il ne l'était pas
encore, puisque le chef-lieu du comté de Razès fut
d'abord établi à Rennes (sur Couiza), et qu'il ne fut
transféré à Limoux que vers le commencement du
xiiie siècle.

En 881, le Roi céda aux évêques de Narbonne la
ville de Limoux, avec son église de Sainte-Eulalie et
Flacian. Les comtes de Razès restèrent propriétaires
du *bourg* de Limoux, et ce ne fut qu'en 982 qu'ils se
dépouillèrent bénévolement de l'église de St-Martin,
qui y était édifiée, pour en faire don aux abbés de
St-Hilaire. Ces derniers n'ont pas cessé de percevoir
les revenus fournis par cette église, jusqu'au moment
où le couvent de Prouille vint les en déposséder. Ce
n'est pas sans raison qu'en approuvant le don qui
avait été fait en 982 aux abbés de St-Hilaire, le pape
Benoît vii le place dans le *bourg* de Limoux, puisque
les constructions fortifiées qui s'étaient élevées sur la
colline de *Lacanal* portaient le nom de ville de Li-

moux, et qu'elles étaient déjà passées, depuis un siècle environ, entre les mains des évêques de Narbonne.

La distinction qu'il faut établir entre la ville et le bourg de Limoux se montre avec beaucoup de clarté dans un acte de 1011. Dans cet acte, les comtes de Razès donnent aux abbés de St-Hilaire quelques propriétés qui étaient situées, les unes dans la ville de Limoux, les autres dans les environs du bourg du même nom; et les dernières dans Flacian. Cette charte parle à la fois de la ville et du bourg de Limoux; elle parle aussi de Flacian, dont il a été déjà question dans un acte de 881. Ces trois localités ne doivent donc pas être confondues, et elles forment autant de groupes d'habitations distincts. Quelle était la position de chacun de ces groupes? Examinons :

La *ville* était bâtie sur la colline de *Lacanal;* on la qualifiait de ville, parce qu'elle avait un château fortifié (1). Cette ville fut détruite par ordre de Simon de Montfort (2); et après cette époque, le terrain sur lequel elle s'élevait prit le nom de *Ribes-hautes de Montfort* (3).

------

(1) Tableau hist. de la ville de Limoux, p. 22, note 51.

(2) Tableau hist. de la ville de Limoux, p. 22, notes 52 et 55.

(3) On lit dans un arrêt rendu par le Parlement de Toulouse, en 1546 : « Qu'à l'endroit de la ville de Limoux y avait
» une autre belle ville communément appelée *Ribes-hautes*
» *de Montfort*, laquelle, qui était limitrophe et confrontait
» d'Espagne et de Roussillon, avait été détruite et arrasée
» par les ennemis; à cause de quoi les habitants de la dite

Le *bourg* de Limoux était bâti sur la rive gauche de l'Aude; il avait une église, dédiée à saint Martin, qui a appartenu successivement aux abbés de Saint-Hilaire et aux religieuses de Prouille. Le bourg de Limoux ne fut érigé en ville que lorsque la ville bâtie sur la colline de *Lacanal* fut démolie par ordre de Simon de Montfort. La ville basse est celle qui est la plus ancienne; c'est là qu'on a trouvé des antiquités remontant à une époque très reculée. Dans la ville haute on n'a rencontré que des objets qui ne remontaient pas au-delà de l'époque féodale.

Lorsque la ville haute était sur pied et que le groupe d'habitations placé dans la plaine commençait à acquérir une certaine importance, on appelait quelquefois ce groupe d'habitations la *ville vieille,* par opposition avec la ville récemment construite sur la colline de *Lacanal,* pendant les premières années de l'époque féodale (1). Après la destruction de la ville haute, la ville basse devint la capitale du Razès.

Flacian était placé sur la rive droite de l'Aude. D'après l'acte de 1011, les terres situées dans Flacian, qui furent données aux abbés de Saint-Hilaire,

---

» ville de Ribes-hautes avaient été contraints de faire édifier » la dite ville de Limoux, qui est aprésent dans la vallée sur » la rivière d'Aude et au-dessous de la dite ville de Ribes- » hautes. »

(1) On trouve dans le *Répertoire des Titres du couvent de Prouille* quelques actes du xiie siècle dans lesquels la ville basse est désignée sous le nom de *Ville - Vieille.* Ces actes portent les dates suivantes : 1190, 1193, 1199.

touchaient du côté de l'est les vignobles de Ste-Marie
(ou de Marceille); or, pour qu'il en fût ainsi, il fallait
que la ville de Flacian fût édifiée sur la rive droite de
l'Aude. D'ailleurs, dans cette même ville il existe une
rue qui semble rappeler le nom de Flacian (*Flaça-
derie*); et la plaine qui le porte encore (*Flaça*), s'é-
tend entre la Petite-Ville et les bords de l'Aude, en
suivant le cours de cette rivière. Flacian forma pendant longtemps une ville distincte, et il ne fut réuni
à la ville de Limoux qu'en 1257.

Note *D.*

—

**L'Archevêque de Narbonne donne l'église de St-Martin et le terrain
de Tax au Religieuses de Prouille.**

— 1207. —

In Nomine Domini, notum sit presentes litteras inspecturis
quod nos Berengarius Dei permissione Narbonensis archiepiscopus, consensu et volontate sociorum nostrorum, damus
et libere concedimus pro nos et successores nostros in re-
demptione animarum nostrarum priorissæ et monialibus no-
viter conversis monitis et exemplis fratris dominici Oxomensis
Sociorum que ejus, habitantibus nunc et in perpetuum in
Castro Fanijovis et in ecclesiâ beatæ Mariæ de Proliano Tholosanæ diæcesis, ecclesiam beati Martini de Limoso nostræ
diæcesis in Redesio, cum omnibus decimis et primitiis, territorii beati Martini de Limoso et territorii de Taxo eidem
contigui, cum oblationibus et cum omnibus juribus suis et
pertinentiis, jure perpetuo integre possidendam et dictas moniales et pro ipsas, et nomine earum fratrem Dominicum et

fratrem Guillelmum Clareti cum traditione præsentis cartæ in possessionem mittimus, Salvo tamen jure episcopali nobis reservato et successoribus nostris tam in cathedratico quam in procurationibus et visitationibus et in commissione curæ animarum illi sacerdoti qui a dictis monialibus vel aliquo fratre loco earum nobis vel nostris successoribus fuerit presentatus. Ut autem omnia supradicta omnifirmitate subnixa permaneant sigilli nostri munimine fecimus roborari.

Actum est hoc Carcassonnæ in domo Domini Episcopi, anno Domini 1207, — 15 kal. maii.

Note *E*.

—

L'Archevêque de Narbonne donne mission à l'Évêque de Carcassonne de décider la question de propriété qui s'était élevée entre les Abbés de St-Hilaire et les Religieuses de Prouille, au sujet de l'église de St-Martin, de Limoux.

— 1218. —

Frater Amalricus Dei gratiâ Narbonensis archiepiscopus, venerabili ac clarissimo fratri B. eâdem gratiâ Carcassonensi episcopo, salutem et sinceram in domino charitatem, vestræ discretioni, presentibus, intimamus quod frater Guillelmus Clareti, prior monasterii beatæ Mariæ de Proliano, Tholosanæ diæcesis, nobis conquerendo, monstravit quod cum priorissa et moniales præfati monasterii essent in possessione ecclesiæ beati Martini de Limoso, nostræ diæcesis, abbas et monachi monasterii Santi-Hilarii, vestræ diæcesis, predictam ecclesiam, nomine prædictarum priorissæ et monalium tenebant et possidebant, per violentiam de eâdem expulerunt, ideoque discretionem vestram rogamus.... Nihilominus vobis mandantes quatenus ad dictam ecclesiam accedentes, convocatis tam abate et monachis quam priore præfatis veritatem de omnibus quæ dictus prior coram nobis proposuit, diligenter inquiratis et si invenire poteritis quod prædicti abbas et monachi, Jam dictas priorissam et Moniales Spoliaverit, prædictum fratrem Guillelmum Clareti, priorem nomine earumdem priorissæ et monalium in possessionem dictæ ecclesiæ sine morâ et dispendio refrui facietis.

Datum Marsiliæ, anno Domini 1218 sexto kalendas decembris, in cujus rei testimonium presentibus Sigillum nostrum duximus aponendum.

Note *F*.

TABLEAU Chronologique des Prieures du Couvent de Prouille.

1. Guillelmète, instituée par Saint-Dominique..... 1206.
2. Blanche de Niort...................... 1266.
3. .... Matchut..................... 1275.
4. .... Mabélie..................... 1290.
5. Orpaie de la Tour................... 1294.
« .... »
6. .... Albertine.................. 1538.
7. Jeanne d'Amboise................... 1538.
8. Madelaine de Bourbon............... 1560.
9. Eléonore de Bourbon............... 1568.
10. Claire de Belissen................. 1589.
11. Jeanne de Lorraine............... 1597.
12. Antoinette de Voisins d'Ambres........... 1600.
13. Caroline-Marie de Levis-Ventadour.......... 1623.
14. Elisabeth de Roquetaillade................ 1629.
15. Delphine de Mortié................ 1632.
16. .... Du Pac de Bellegarde............ 1535.
17. Jeanne-Antoinette d'Albret.............. 1639.
18. Madelaine d'Aubeterre.............. 1683.
19. Catherine-Angélique d'Esparbès, de Lussan, d'Aubeterre, de Lasserre................ 1690.

20. Antoinette de Choiseuil-Beaupré............. 1717.
Marie-Thérèse d'Hautpoul de Rennes, sous-prieure
en chef.. 1717.
21. Françoise du Villa, de Belcastel.............. 1723.
22. Anne de Falcos de la Blache-d'Anjou........ 1725.
23. Jeanne de Montesquiou-d'Artagnan.......... 1729.
24. Françoise Du Pac de Bellegarde............. 1751.
25. Marie-Anne de Montault-Miglos............. 1774.

Note G.

TABLEAU Chronologique des Curés de Saint-Martin, depuis le
moment où cette Eglise fut donnée aux Religieuses de Prouille,
jusqu'à l'époque où elle cessa de leur appartenir.

1	Michel............	1261	14	Guillaume Michel..	1455
2	Arnaud de Cogan..	1280	15	.... Donnat...	1534
3	Pierre Amiel......	1281	16	Antoine Theron...	1538
4	Pierre Calla......	1293	17	Etienne Lespino...	1588
5	Arnaud de Pieussan	1310	18	Simon Azibert....	1589
6	Pierre Hugonet...	1341	19	Joseph Madières...	1617
7	Etienne Gilabert...	1342	20	Pierre Sanjou.....	1666
8	......Etienne....	1347	21	Pierre Cazanove...	1667
9	Jacques de Bram..	1372	22	Pierre Lauriol....	1690
10	Aymeric Billard...	1375	23	François Morlhon..	1691
11	Pierre de Amelias.	1384	24	Mathieu Martin....	1692
12	Pierre Durand....	1433	25	Pierre Lafille.....	1734
13	Raymond Arvey...	1434	26	...... Reverdy...	1787

Note H.

TABLEAU généalogique des VOISINS, qui ont joui dans Limoux
de droits seigneuriaux.

I. PIERRE DE VOISINS, l'un des officiers de Simon de Montfort dans la croisade contre les Albigeois, épousa Manhaut.....

(1), héritière de Coufoulens et de Limoux (1209), et reçut en inféodation cette dernière ville (1231).

De ce mariage naquirent deux fils, Pierre et Guillaume, qui se partagèrent sa succession.

Première branche.

II. PIERRE DE VOISINS, l'un des fils de ce dernier, devint sénéchal de Carcassonne et hérita d'une partie de la seigneurie de Limoux (1265); il épousa Jeanne.... dont il eut un enfant, Guillaume, qui lui succéda.

III. GUILLAUME DE VOISINS, fils et héritier de ce dernier, épousa Gausserande de Narbonne, fille d'Amalric III, vicomte de Narbonne (1292); il accorda plusieurs priviléges aux habitants de Limoux (1292), et céda au Roi sa portion de seigneurie de cette ville, après l'avoir échangée contre d'autres terres (1295).

Deuxième branche.

II bis. GUILLAUME DE VOISINS, l'un des fils de Pierre de Voisins et de Manhaut, hérita d'une partie de la seigneurie de Limoux; il accorda quelques priviléges aux habitants de cette ville (1257), et épousa Clissende.... dont il eut une fille appelée Jeanne, qui lui succéda.

Sa femme, devenue veuve, épousa, en secondes noces, Etienne de Dardeys (1263),

III bis. JEANNE DE VOISINS, fille et héritière de Guillaume de Voisins, épousa Pierre de Meselan (1263) qui devint, par ce mariage, seigneur d'une partie de Limoux.

----

(1) La généalogie des Voisins, déposée parmi les manuscrits de la bibliothèque nationale de Paris (Cabinet des Titres), ne donne pas d'autre nom à la femme de Pierre de Voisins, mais elle la qualifie d'héritière de Limoux. Tout porte à penser que c'était là une fille de Lambert de Thurrey, qui est qualifié quelquefois de Seigneur de Limoux (VAISSETE, *Hist. de Lang.*, tom. 6, *p.* 271), et qui y avait joui de quelque autorité avant l'inféodation faite en faveur de Pierre de Voisins.

De cette union naquirent deux fils, Pierre et Henri.

IV. Pierre de Meselan succéda à sa mère et hérita de la portion de seigneurie de Limoux, qui lui avait appartenu; il eut un fils appelé Jean, qui lui succéda. Avant de mourir, il accorda quelques priviléges aux habitants de Limoux (1296-1299).

V. Jean de Meselan, fils et héritier de Pierre de Meselan, accorda quelques priviléges aux habitants de Limoux (1344); il eut un fils appelé Guillaume, à qui il ne laissa pas sa portion de seigneurie de Limoux; avant de mourir il la vendit au Roi (1376).

Note *L.*

Moulins de Limoux qui ont été détruits ou abandonnés.

La mouture des grains occupait autrefois dans Limoux un grand nombre d'usines; parmi ces usines il en est qui sont encore sur pied (1), et d'autres dont on ne trouve aujourd'hui que des ruines peu apparentes. Voici le nom de ces dernières :

1o *Moulin de Saint-Pierre de Flaça.* — L'abbaye d'Alet était propriétaire de cette usine en 1198. Les Religieuses de Prouille en firent l'acquisition en 1245; ces religieuses la cédèrent à leur tour, en 1252, à l'archevêque de Narbonne. Ce moulin avait trois meules, dont une pour la préparation des draps; il était

_____

(1) Les moulins des Religieuses (d'en Sicard ou de la Boucairie), de la Porte (ou d'en Quatre), de l'Envie, de Sourgue, da Maynard, de Brasse.

situé sur la rive gauche de l'Aude, vis-à-vis la chapelle de Marceille (1).

2o *Moulin de Lagne ou d'Usalguier.* — Ce moulin
relevait du monastère d'Alet en 1191, et en 1266 du
couvent de St-Polycarpe; il était composé de quatre
meules en 1236, il en avait six en 1256. Cette usine,
située sur la rive gauche de l'Aude, entre le moulin
de St-Pierre de Flaça et celui des Religieuses (2), fut
complètement détruite, par ordre du Roi, en 1328 (3).

3o *Moulin de la Tour ou das Capelas (Capélétos).*
— Ce moulin portait aussi le nom de *Fargue* ou de
Gebets; il avait huit meules au commencement du xive
siècle, et était situé sur la rive gauche de l'Aude près
la porte de la Trinité (4).

_____

(1) Anciennes Sentences Consulaires, p. 6. — 1603, transaction par laquelle le monastère de Prouille s'oblige à consentir,
en faveur de l'archevêque de Narbonne, une reconnaissance
féodale du moulin de Flaça et de la chaussée de Marceillan.
(*Répertoire des Titres de Prouille.*)

(2) 1266. M.e Thomas, doyen de Ceritanie, et sa mère,
vendirent au monastère de Prouille le quart du cazal du moulin de Lagne ou de Usalguier, sur la rivière d'Aude, dans
les appartenances de St-Martin de Limoux, entre le moulin
de la Boucairie et celui de Flaça, appartenant au dit monastère; le dit moulin mouvant en fief de l'abbé de St-Polycarpe.
(*Répertoire des Titres de Prouille.*)

(3) 1328. Sentence des Commissaires du Roi, par laquelle
il est ordonné que le moulin de Lagne sera détruit aux frais
et dépens du monastère de Prouille, avec défense de le rétablir à l'avenir. (*Répertoire des Titres de Prouille.*)

(4) 1529, Arnaud Caune et Jean Boucherie de Limoux,
firent, entre les mains du syndic de Prouille, le délaissement

4º *Moulin de Namiel*. — Cette usine était située au-dessus du moulin de La Porte, sur la rive droite de l'Aude (1).

5. *Moulin de M. d'Axat*. — Cette usine était située vers l'affluent du Rieu, sur la rive gauche de l'Aude (2).

6º Il existait encore sur les rives de l'Aude et dans le voisinage de Limoux deux moulins dont la position n'est pas clairement indiquée par le répertoire des titres de Prouille. Ces moulins portaient les noms de *Piquestèle* et de *Cazelles*.

---

du moulin appelé de la *Tour* ou des *Capelas*, situé sur la rivière d'Aude, dans les appartenances de Limoux. (*Répertoire des Titres de Prouille.*)

(1) 1279. Les moulins appelés d'*en Quatre*, situés sur la rivière d'Aude, entre le pont de pierre de Limoux et le moulin appelé de Namiel, ayant été emportés par une inondation de la rivière, l'abbé de St-Polycarpe le donna à nouveau fief au monastère de Prouille et à Guillaume de Cogan pour les rétablir (*Répertoire des Titres de Prouille.*)

(2) Un moli appelat de moussu d'Axat, à la Devèze, sis à la rivière d'Aude, ambe son estable davant le moli. (*Compoix de Limoux*, dressé en 1543.)

FIN.

TABLE DES MATIÈRES.

—

Deuxième Partie.

Troisième Partie.

FIN DE LA TABLE.

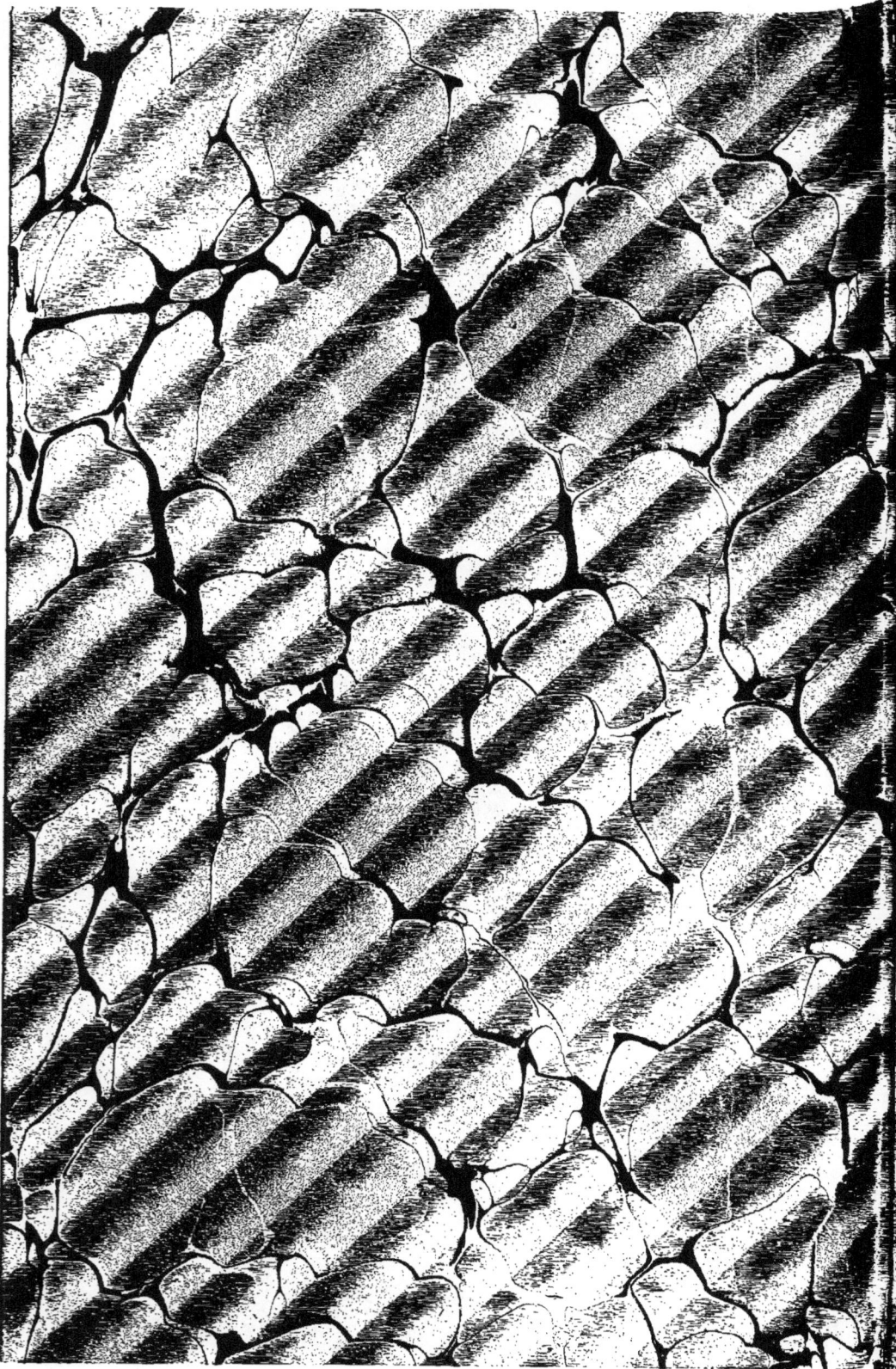

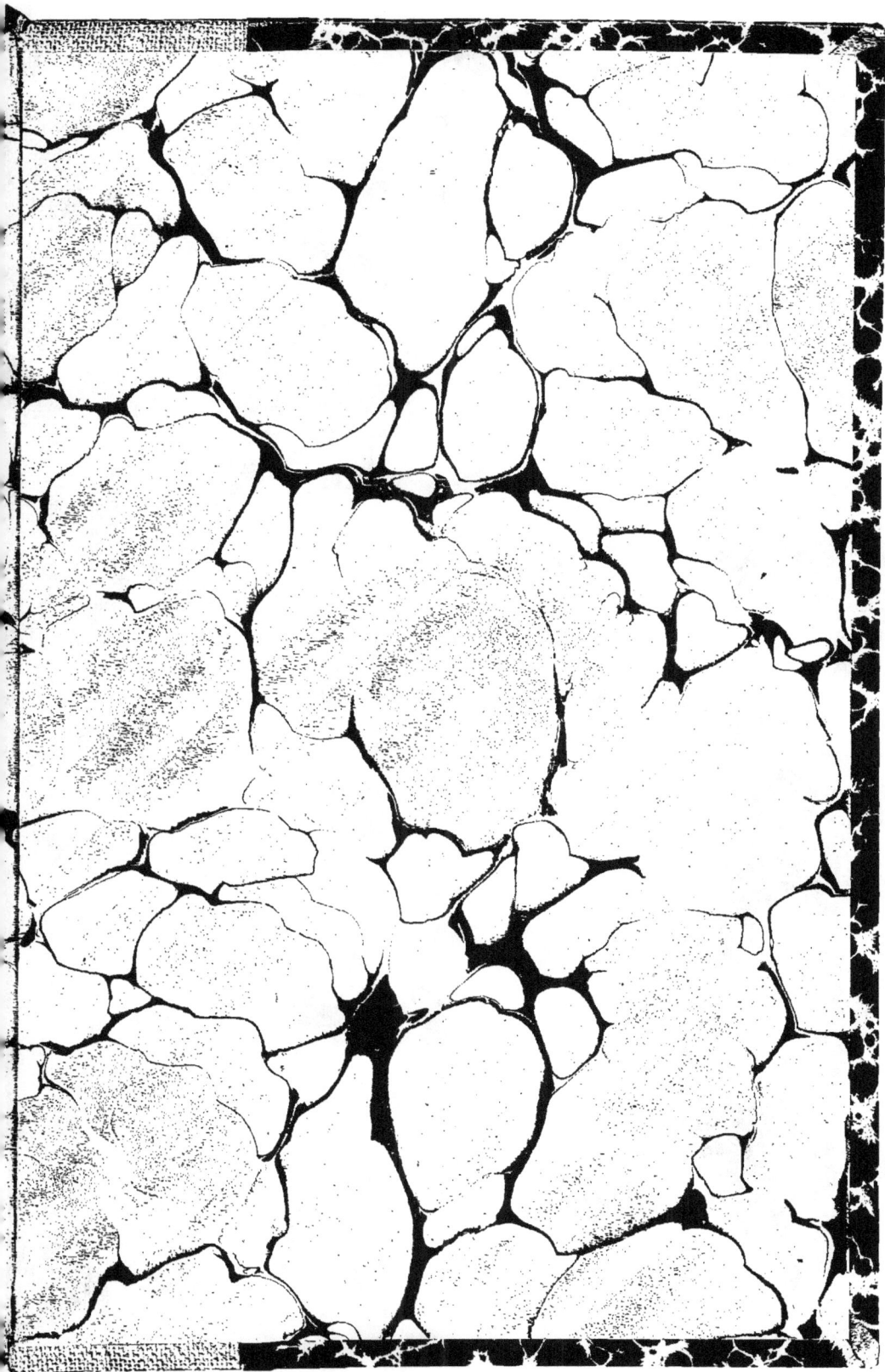

www.ingramcontent.com/pod-product-compliance
Lightning Source LLC
Chambersburg PA
CBHW031122210326
41519CB00047B/4272